# やってはいけない読書術

石井貴士

きずな出版

やってはいけない！

# 「本が好きな人が、本を大量に読んでいるはずだ」と思い込んでいる

これで天才に！

# 「本を読む技術がある人が、本を大量に読んでいるだけだ」と知っている

「本は大好きです。でも、読むのに時間がかかってしまって……。月に1冊も読めていないんです」

という人がいます。

一方で、

「とくに本が好きだというわけではありません。でも、毎日必ず、3冊は読んでいますよ」

という人もいます。

これは、不思議な現象だとは思いませんか？

本来なら、本が好きな人は1日に1冊、3冊と本を読んでいるはずですし、本が好きではない人は、月に1冊も読まないはずです。

にもかかわらず、逆の現象が起きているわけです。

では、何が違うのでしょうか。

それは、本を読むためのスキル、つまり「読書術」が違うのです。

**本を読む技術がある人は、本が好きであれ嫌いであれ、読むことができます。**

**本を読む技術がない人は、本が好きだったとしても読むことは苦手なのです。**

英語に関しても、英語が好きであれ嫌いであれ、英語を話す技術があれば話せます。

勉強に関しても、勉強が好きであろうが嫌いであろうが、勉強法をマスターしていれば、最速で成績を上げることができます。

本に対する好き嫌いは関係なく、本を読む技術さえあれば、もっと本が読めるようになるのです。

## 正しい読書術を探す前に、やってはいけない読書術を探す

「私が本をなかなか読めないのは、正しい読書術を知らないからだ。正しい読書術を探そう」という人がいます。

正しい読書術を探していくと、結局のところ「読書術は人それぞれだ。正しい読書術なんて、存在しないんだ」という結論になります。

多くの著者が読書術に関する本を出し、全員が違うことを言っているわけですから、仕方がありません。

では、どうしたらいいのでしょうか。

**そう。正しい読書術を探すのではなく、「やってはいけない読書術」を探して、やってはいけない読書術を、やらなければいいのです。**

本が読めない人には共通点が多いです。

本を読むのがすでに得意になっている人は、もう自己流になってしまっている人が多く、共通点がなかなか見つからなかったりします。

**① やってはいけない読書術を知る**

**② 正しい読書術しかできなくなる**

このツーステップで、あなたの読書術が完成します。

やってはいけない読書術を知ることが、あなたが最初にすべき第一歩なのです。

## やってはいけない読書術を知ることで、正しい読書術がわかる

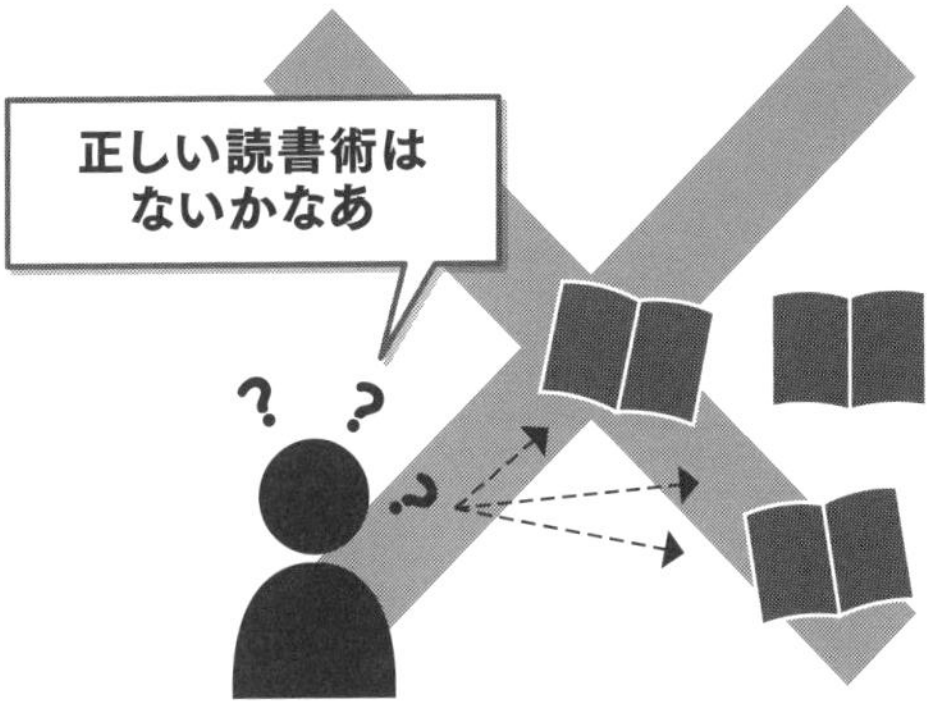

**間違った読書術をしなければ**
**正しい読書術が学べる！**

# 本を読む技術は生まれつきの才能ではなく、後天的に身につけられる

「あの人は生まれつき本を読むのが速いんだな。私とは違う」と、最初からあきらめてしまっている人がいます。

**本を読む技術は、先天的な才能ではなく、後天的に身につけられる単なる「スキル」です。**

生まれつき車が運転できる人はいませんし、生まれつき船を操縦《そうじゅう》できる人もいません。

「では、本を読むための正しいトレーニング方法を、プロに習ったことはありますか?」と聞くと、たいていの人は習ったことがないのです。

本は文字を読むだけなので、誰でもある程度は当たり前に読めるものです。

同様に、カラオケで歌ったことがある人は多いはずです。

「では、プロから歌い方を習ったことがありますか？」と言われたら、ほとんどいないはずです。

さらに言えば、恋愛に関しても、先生をつけて「正しい恋愛の仕方」を学ぶ人は、ほとんどいません。

「歌は、好きに歌えばいいじゃないか」

「恋愛は、好きな人を好きになればいいじゃないか」

という方がほとんどだからです。

「プロの歌手よりも上手なんですか？」

「好きになった相手を、誰でも振り向かせることができるんですか？」

と聞くと、「それはできない」と答えるわけです。

高校受験・大学受験のときには先生をつけて勉強するのが当たり前だと思っているにもかかわらず、歌の歌い方、恋愛の仕方に関しては、プロの先生をつけて勉強しようとは、考えさえしないはずです。

本の読み方に関しても、同じです。

**「本の読み方のプロから習ったことがない」という、ただそれだけが原因で、上手に本が読めない人がほとんどなのです。**

私も元々、本を読むのが好きではありませんでした。

社会人2年目になるまで、本を買って、読んだことさえありませんでした。

そんななか、いままでの常識をすべて捨て、1冊1分で本を読む方法を考案しました。

その後は、1日3冊ペースで、年間1000冊の本を読むのが当たり前になっています。

「1冊1分なんて、石井先生だからできるわけであって、普通の人にはできないのではないですか？」という人もいますが、そんなことはありません。

**1冊1分は、誰にでもできるスキルです。**

実際に私は2007年以来、13年以上、1冊1分で本を読む技術「ワンミニッツリーディング」を伝授していますが、すでに受講者は1300人以上になっています。もちろん挫折者はゼロです。

読書術の本を書いている著者は大勢いますが、1300人以上に「やってはいけない読書術」を直接伝授し、1日3冊ペースで本を読めるようにしてきたという実績がある著者は少ないはずだと思い、この本を書いた次第です。

「1冊1分は、特殊な技術だ」と思う方もいるかもしれません。

ですが、それは考え方が違います。

**「やってはいけない読書術」をすべて排除したら、結果として、1冊1分のスピードでしか本が読めなくなってしまうというのが、正解です。**

読書に関して無駄を省き続けていたら、結局は1冊1分になるという結果が待っていた、というだけなのです。

本が苦手な人も、本が好きな人も、「やってはいけない読書術」を知ることで究極の読書術が手に入ります。

ぜひ、あなたも1日3冊、年間1000冊の世界に来ていただければと願っています。

もくじ

# やってはいけない読書術

正しい読書術を探す前に、やってはいけない読書術を探す

本を読む技術は生まれつきの才能ではなく、後天的に身につけられる

第1章

# 凡人の読書術、天才の読書術

第2章

# やってはいけない「読書に対する考え方」

## 第3章

# 本は好きじゃなくても大丈夫! 速く読むための読書術

第4章

# やってはいけない「本の見つけ方」

第5章

# 凡人が天才に変わる「本の選び方」

第6章

# やってはいけない「読書習慣」

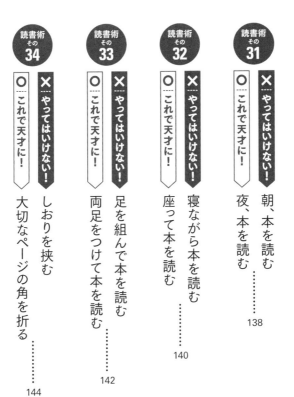

第7章

# やってはいけない「本を速く読むためのトレーニング法」

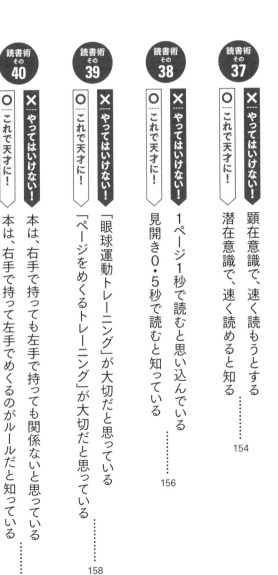

第8章

# 1冊1分になるための具体的な方法

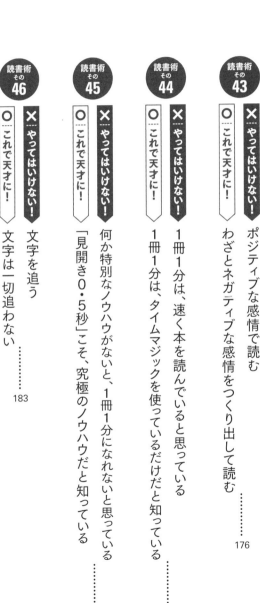

第1章

# 凡人の読書術、天才の読書術

読書術 その1

# やってはいけない！ 凡人として、読書をする

# これで天才に！ 天才として、読書をする

**「やってはいけない読書術」というのは、凡人の読書術のことです。**

そうではなく、天才の読書術を身につけて、読書をする。

これが正しい方向性です。

学生時代に、「この人は勉強ができないなあ」と思っていたクラスメイトがいたはずです。

そういう人に限って、ある日突然、努力をして、勉強を始めることがあります。

「1日10時間勉強するぞ！」「塾にも通うぞ！」と意気込みます。

「もしかして突然、天才になるのでは？」と、その姿を見て一瞬頭によぎるのですが、結局成績は上がらないまま終わった、というケースがほとんどです。

では、彼に何が起きていたのでしょうか。

そう。彼は「凡人のまま努力を重ねてしまった」のです。

**凡人が努力しても〝努力家の凡人〟ができあがるだけです。**

逆に「この人は天才だ」と思っていたクラスメイトは、勉強をしても勉強をしなくても、成績がよかったはずです。そして、ちょっとやる気になって勉強しただけで、偏差値が高い高校・大学に合格していったはずです。

この姿を見て、「生まれつきの才能の違いだ」と考える人は、とても多いかもしれません。

違います。

**天才が努力をしなければ〝努力をしない天才〟のままであり、天才が努力をすれば〝努力をする天才〟になるという、ただそれだけなのです。**

最初から自転車に乗っていたら、努力をしてもすごい競輪《けいりん》選手になるだけです。

競輪選手になることはすごいことではありますが、飛行機よりは遅いです。

ならば最初から、飛行機に乗ることを考えたほうがいいのではないでしょうか。


凡人のまま努力をしても、努力家の凡人になるだけ。

**そうではなく、天才に生まれ変わるためにすべての労力を注ぎ、そして天才になってから努力をすればいいのです。**


大木があって、それを切らなければいけないとします。

目の前に斧《おの》が置いてあったら、どうでしょう。

凡人は「やった！　ラッキーだ。斧があるぞ！　これを使って切ろう」と思って、いきなり斧を使い始めます。

天才は目の前に斧があったとしても気にすることなく、ホームセンターに行ってチェーンソーを買ってきて、チェーンソーで大木を切るはずです。

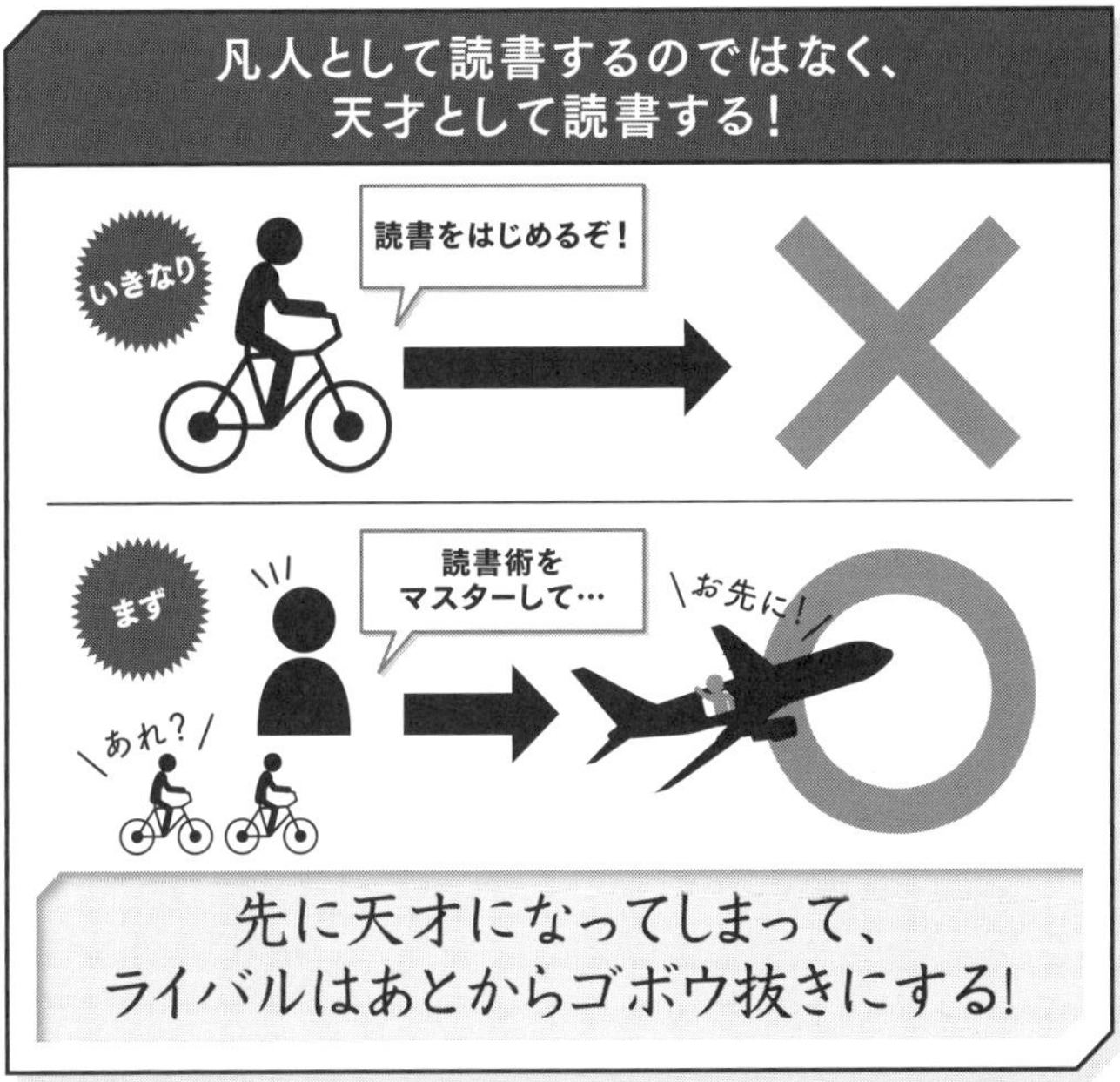


読書をはじめるぞ!

読書術をマスターして…

ライバルはあとからゴボウ抜きにする!

そのほうが速いからです。

読書に関しても同じことが起きています。

「目の前に本があるぞ!」と言って、いきなり読み始める人がほとんどです。

ダメです。やってはいけません。

最初に天才がやっている読書術を身につけて、そのあとに本を読んだほうがいいに決まっていると、天才は気づくのです。

**凡人として読書をするのではなく、天才として読書をすることで、圧倒的な成果を残せるのです。**

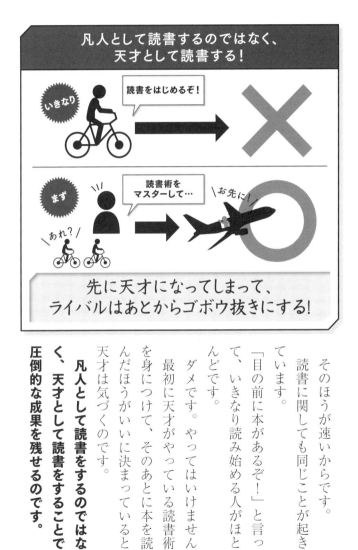

読書術 その2

やっては いけない！

## 本を読む時間がある人は、暇に決まっている

これで天才に！

## 本を読む時間がある人が、さらに時間をつくり出せる

「私は忙しいんだぞ。本を読む時間なんて、あるはずないじゃないか」という人がいます。

「本を読める時間がある人は、どうせ暇に違いない」と決めつけている人さえいます。

実際のところは、忙しい人ほど本を読んでいます。

「そんな暇なはずはないのに、いつ本を読んでいるんだ？」という人ばかりです。

その一方で、暇な人ほどスマホでゲームをしていたり、飲みに行っていたりし

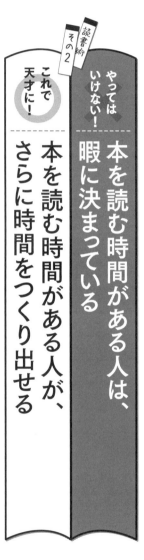

て、本を読んでいないというのが現実です。

**本は、時間をショートカットするために読むものです。**

著者が書くために1か月、3か月と費やした時間を、1500円で買うことができるのが本です。

その分野に関して、あなたが同じだけの知識を手に入れたいと思ったら、半年、1年以上かかるかもしれません。

たとえば心理学について知りたいと思って、心理学のスクールに通えば、1年以上かかり、なおかつ通学する時間もかかります。当然、何十万円というお金もかかるかもしれません。

ですが本を買えば、お金に関しては1500円で済んでしまうのです。

本を読むのにかかる時間も、少しの時間で済みます。

本を買って読むだけで、心理学スクールに通うはずだった時間を、つくり出せたというわけです。

本は、読めば読むほど時間ができます。

「時間術」に関する本を200冊読めば、時間のつくり方がわかります。

「時間がない」と言っている人に限って、「時間術」の本を読んでいないのです。

あなたが〝時間をつくり出す方法〟を自分自身で編み出そうとしても、労力がかかります。

編み出そうとしている時間こそが、時間の無駄です。

**あなたよりも時間術に関して研究している人がいるのですから、彼らの本をかたっぱしから読んでしまえば、たっぷり時間を手に入れられるのです。**

「通勤時間は片道2時間かかっている。これが当たり前だ」という人が、時間術の本を読んで、通勤時間30分のところに引っ越しをすることを決意したら、片道90分の節約になり、1日3時間が生まれることになります。

「時間術」の本を読む時間をつくり出したことで、さらなる時間を生み出すことに成功したわけです。

ビジネスに関しても、ビジネス書を読むことで、「すでに失敗した経験」を手に入れることができます。

「1億円の失敗をした」という内容が書いてある本を読めば、あなたは同じことで1億円の失敗をすることはなくなります。

「起業する前に、こういうことをして失敗した」と書いてある本を読めば、同じ失敗は避けられます。

失敗をするとお金も失いますし、精神的なダメージも負います。失敗している時間も、とてももったいないです。

「10年失敗して、その後成功した」という人がいます。

もし彼が、すでに同じことをして10年失敗した経験をしている人の本を見つけていたら、同じ失敗をしなくても済んだことになります。

ソフトバンクの孫正義社長は、がむしゃらに働いたあと、入院をすることになり、入院中に大量の本を読みました。

「こうすれば失敗しなくて済んだのに」

「これからはこうすれば失敗しなくて済むんだ」

ということがわかり、退院後は、ものすごいスピードでビジネスを成功させることができました。

本を読む時間ができたことで、ビジネスが成功するスピードが上がったのです。

**時間がないから本を読めないという考えは、間違っています。**

**本を読めば読むほど、時間はできるのです。**

## 本を読めば読むほど、
## 時間をつくり出せる！！

本は成功へのショートカットだ！

読書術 その3

やってはいけない！

# 「好きな本」を読む

これで天才に！

# 「気になった本」を読む

「好きな本を、たくさん読みたいなあ」という人がいます。

残念ながら、これが凡人の思考回路です。

**「好きな本」と言っていますが、最後まで読み終わらないと、その本が好きな本かどうかはわからないのです。**

私自身、「この本は好きではないな。装丁《そうてい》（本の表紙）が気にくわない」と思っていた本がありました。

そんな折、友人から「絶対に読んだほうがいいよ」と言われ、しぶしぶ読んだ本があります。

読んでみたら素晴らしい本だったことがわかり、その本が好きになったのです。

多くの人は、「好きな本を読みたい」と思っています。

ダメです。

**好きな本というのは、読む前には存在しないからです。**

**読み終わって初めて、好きな本が存在するようになるのです。**

読んでいる途中に好きになる本もあるかもしれませんが、最後のオチが「全部夢でした」という夢オチだったら、読んだあとに、その本が嫌いになる可能性もあります。

読む前に好き嫌いを勝手に決めることができないのが、本なのです。

ではどうしたら、いい本に出会えるのでしょうか。

## 「気になった本を読む」というのが正解です。

「気になる」というのはどういうことかというと、**「いずれ自分に必要だ」「いまの自分に足りないものが書いてある」と直感で感じている**ということです。

知っている内容ばかりが書いてある本を読んでも、人生は変わりません。

「そんな考え方があったのか！」「いままでの人生は何だったんだ！」と気づかせてくれる本が、いい本なのです。

人は誰しも**「枠内思考《わくないしこう》」**で生きています。

「これはこういうものだ」という凝《こ》り固まった思考回路が、枠内思考です。

「本があったら、読むものだ」と、多くの人は疑いなく思っています。

もしヤギが本を見たとしたら、「あ、食べ物だ」と思って、食べるはずです。

「本は読むためのものである」という「枠内思考」が、「ヤギにとってはエサである」という「枠外思考《わくがいしこう》」を手に入れることで、壊されたのです。

こういった枠外思考をどんどん手に入れられるのが、本を読む醍醐味《だいごみ》です。

「広告費がもったいない。口コミで集客すべきだ」という枠内思考があるときに、「インターネット広告の出し方」の本を読めば、「インターネットでも集客は可能なんだ」という枠外思考が手に入ります。

「ラジオで広告を出しても、意味がないに決まっている」という人が、ラジオで広告を打ったことで集客ができたという事例を知れば、もしかしたらラジオ広告に活路があるかもしれないという枠外思考を手に入れられます。

「インスタグラムなんて知らないよ」という人がインスタグラムの本を読んで、インスタグラムを始めたら、突然、フォロワーが10万人以上になるかもしれません。

**「好きな本」を読むのではなく「気になる本」をどんどん読むことで、人生は変わるのです。**

読書術 その4

やってはいけない！

# 自分に関係がある本を読む

これで天才に！

# 自分に関係がない本を読む

「この本は自分に関係があるから買おう。でも、こっちの本は自分に関係ないから買わない」と、当たり前のように決めつけている人がいます。

ダメです。

**自分に関係がある本ばかりを買っていたら、「枠内思考」のままです。**

「枠外思考」を手に入れるために、本を読むのです。

「この本には私と同じ考えが書いてあったので、いい本だ。あの本は私とは意見が違ったから、ひどい本だ」という考えの人が、とても多いです。

ネット書店のレビューでも、「賛成です！ 星5！」「反対です！ 星1をつけてやる」と書いている人がいますが、逆です。

多くの人が「賛成です」と言っている本は、可もなく不可もない、つまらない本なのです。

**「私とは考え方が違うので、星1だ」と書かれている本のほうが、あなたの枠を取り払ってくれる可能性が高いのです。**

「ひどい」と批判されている本だとしても、出版する価値があると思われているから、本になっているわけです。

1冊出版するのに、出版社は約300万円のコストをかけています。

電子書籍であれば出版コストがかからないので、本当にひどい本はあるかもしれません。

ですが、紙の書籍として出版されているならば、「出版する価値がある」と出版社が賛同して、世に出されたわけです。

出版する側が「出版する価値がある」と考える本は、「この考え方はほかの本にはないので、世に出す価値がある」と結論づけた本です。

**「多くの人と同じ考えが、この本には書いてあります」という本を、お金を出して買いたい人はいません。**

「どうして、こんなにひどい本が売れているんだ！」という本が、出版する価値がある本です。

ほかの人とは、考え方が違う本だからです。

読者のほとんどが「私と同じ考えだ」と思う本は売れませんし、著者のファンもつきません。

推理小説でも、「私はこの人が犯人だと思った。やった！　的中した！」という小説は、売れません。

「この人が犯人だなんて思わなかった。ひどい！」という本が、売れます。

世の中、自分に関係がない本だらけです。

ですが、自分に関係ない本のほうが「枠外思考」が手に入ります。

ビジネス書ばかり読んでいる人は、スピリチュアル系の本には興味がないかもしれません。

ですが、スピリチュアル系の本に、いまビジネスで悩んでいることの答えが書いてあるかもしれません。

スピリチュアル系の本ばかりを読んでいる人は、「ビジネス書は関係ない。天使が僕にお金をくれるには、どうしたらいいかが、知りたいんだ」と思っているかもしれません。

そんな人がビジネス書を読めば、「この本が天使だ！　お金持ちになる方法が書いてあるじゃないか」と感銘を受けるかもしれません。

私自身、元々はテレビ局のアナウンサーだったので、話し方のスキルの本には興味がありましたが、ビジネスにはまったく興味がありませんでした。

ですが、あるときビジネスの本を読んで、

「そうか。話したことをビデオに録画して売れば、お金になるのか。テレビに出るよりも、ビデオで話したほうが、アナウンサーよりもいいじゃないか」

と枠外思考を手に入れて、ビジネスの世界に飛び込みました。

あなたに関係ない本こそ、あなたに関係がある本です。

関係ない本が、あなたにブレイクスルーをもたらすのです。

## 自分に関係のない本が、ブレイクスルーをもたらしてくれる!

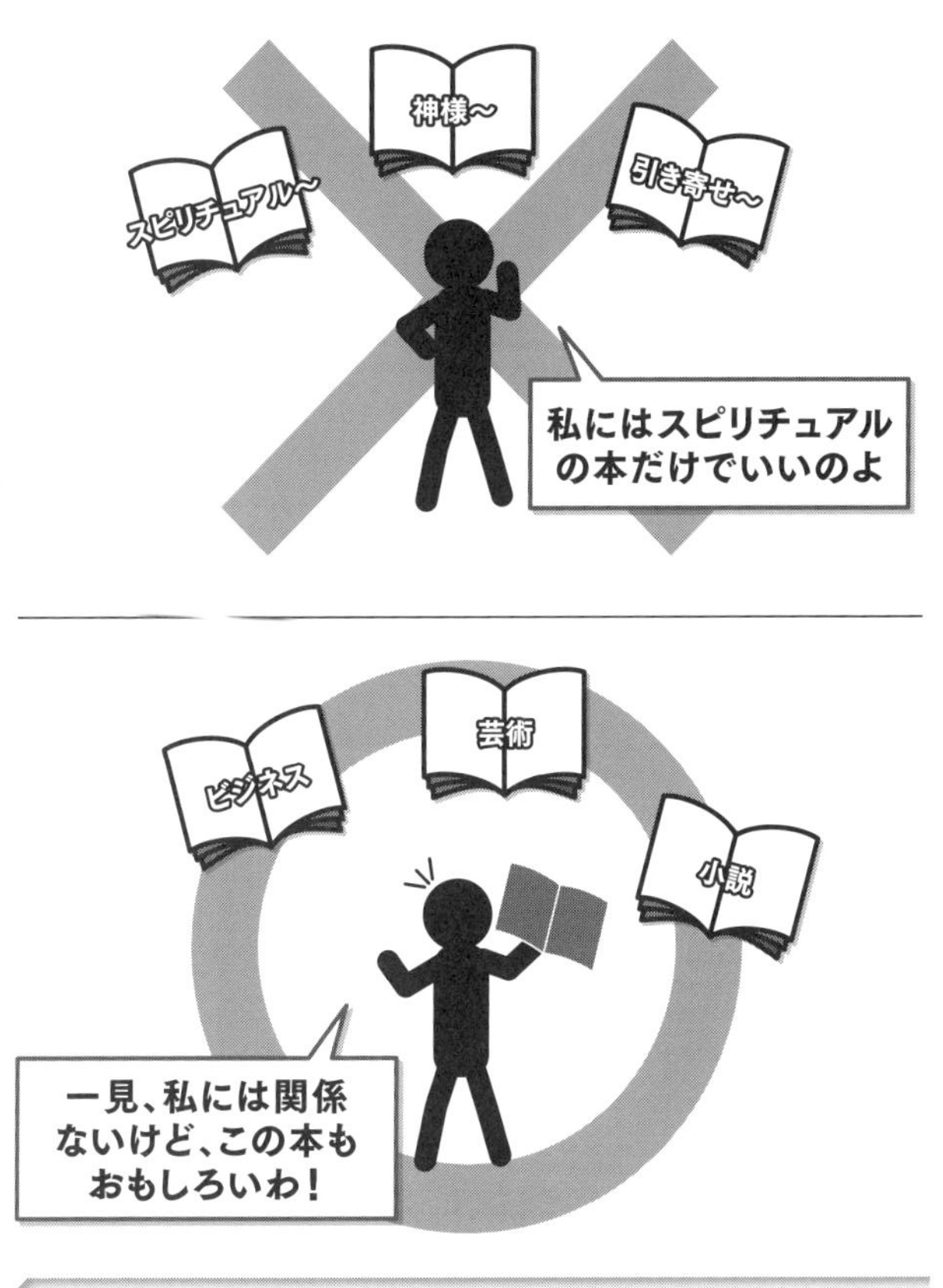


「枠外思考」を手に入れよう!

第2章

# やってはいけない「読書に対する考え方」

読書術 その5

やってはいけない！

# 本はじっくり読むものだ

これで天才に！

# 本は素早くページをめくるものだ

「本はじっくりと、時間をかけて読みたい」と思っている人がいます。

ダメです。意味がありません。

**「じっくり読むことがいいことだ」と考えている人はとても多いのですが、この考え方は「情報処理スピードが遅いことが、いいことだ」と言っているのと変わりません。**

「4時間で終わる仕事だが、じっくり8時間かけてやろう。どうせ給料は変わらないんだし」と考えている人と同じです。

「4時間で終わる仕事を、どうしたら2時間にできるのか？
さらに言えば、どうしたら1時間に短縮できるのか？
いや、誰かに代わりにやってもらえば、0時間になるぞ」

と、効率化を考えていくのが、正しい考え方です。

同じ本でも、2時間かけて読む人よりは1時間で読む人のほうが、2倍素晴らしいです。

1時間で本を読むよりも、10分で読むほうが、6倍素晴らしいです。

10分で本を読むよりも、1分で本を読んだほうが、10倍素晴らしいと考えましょう。

「それでは内容がわからないのではないか」と短絡的《たんらくてき》に考える人もいます。

もちろん、いまのあなたには不可能かもしれませんが、1冊1分の技術を身につければ、できるようになるだけの話なのですから、心配はいりません。

**本をじっくり読んでも、時間の無駄です。**

その時間があったら、ほかのことをしたほうがいいでしょう。


「本を読みながら考えごとをしたいんだ。だから1冊を1時間かけて読みたい」という人もいます。

**ですが、1冊1分で読みながら考えごとをすればいいだけなので、こちらも心配無用です。**


「じっくり読むことが素晴らしい」という考えに凝り固まっていたら、いつまでたっても本を読むのが遅いままです。

本を読むのが遅いと、本が大好きだったとしても月に1冊読めたらいいほうです。結局は時間がかかりすぎて、本を読まなくなってしまう人も多いです。

「じっくり読む」という概念そのものを、捨てましょう。

本は、ページをめくられるために存在するのです。

ページをめくるスピードが最初にあって、そのスピードに思考スピードを合わせていくと考えてください。

脳の情報処理速度は、あなたが考えているよりも、ずっと速いです。

**「ページをめくるのが遅いから、情報処理速度も遅くなっている」ということに、気づいてください。**

「じっくり読んでいて、次のページに行くと、前のページに書かれていることを忘れてしまった」という経験は、誰しもあるはずです。

**10分かけて見開き2ページを読んでいたら、前のページのことは忘れてしまっていても仕方がありません。**

10分前のことを思い出しながら本を読むというのは、至難の業です。

逆に考えてみてください。

見開き2ページを、0・5秒でめくっていけば、どうでしょう。

ページをめくる前の文章は0・5秒前のことなので、覚えているのです。

本はページをめくるものだと考えていれば、本を読むのは速くなります。

**「ページをめくるスピード」と「脳の情報処理速度」が同じになっていくだけだからです。**

「じっくり読むことが素晴らしい」と決めつけている人は、1冊1分のスピードで本を読むことに慣れていないだけです。

1冊1分で、毎日3冊、365日、本を読む習慣をつけたら、どうなるでしょうか。

1冊1分のスピードが、当たり前になるのです。

「じっくり読む」という概念は捨てよう！
ゆっくり読むから
忘れてしまう
しっかり
覚えたいから
じっくり読むぞ！
ページをめくるスピード
＝
脳の情報処理速度
どんどんページを
めくっていくぞ！
素早くページをめくれば、脳もそれに
合わせて情報を処理するようになる！

読書術 その6

やってはいけない！

# 「月に1冊読めたらいいな」と考える

これで天才に！

# 「年に1000冊読むのが当たり前だ」と考える

「月に1冊は読んでいる。私は読書家だ」という人がいます。まったく読書家とは言えません。

**1日3冊ペースで、月に90冊が普通です。**

月に90冊だと12か月で1080冊になる計算ですが、休む日もあるので、1000冊くらいになるイメージです。

中谷彰宏先生や勝間和代先生といった〝知の巨人〟クラスの方は、年間1000冊本を読むのが普通になっています。

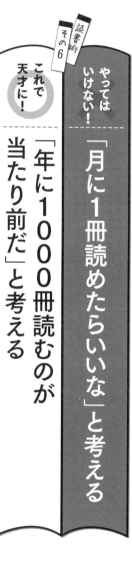

年間1000冊という数字は、慣れるとわかるのですが、負荷にもならず、ちょうどいいと感じるようになります。

私も20年近く、年間1000冊ペースで本を読んでいます。「年間1000冊を目標にしている」のではなく、たまたま結果として、年間1000冊ペースで落ち着いている、という感じです。

1000冊より多いとインプットのしすぎでほかの仕事ができなくなり、1000冊より少ないと気持ち悪いと感じるのです。

**1冊1分になると、本が好きという感覚はなくなります。**
**1日3食が習慣なのと同じで、1日3冊が習慣になるだけです。**

「年間1000冊読むと、気持ちのうえでどう変化するんですか?」と聞かれたことがあるのですが、年間1000冊になると「誰にも負けないな」という気持ちになり、自己肯定感が上がります。

インプットに関して、ほかの経営者にも、ほかの作家にも、絶対に負けていないなという自負ができています。「勉強家ですね」と世間で言われている人より知識量がある状態になることができます。

**年間1000冊を20年近く当たり前にしていれば、これ以上のスピードでのインプットをしている人はおそらくいないので、負ける気がしません。**

「年間1000冊は大変そうだ」と考える人もいるかもしれません。

やってみるとわかるのですが、年間1000冊は「適度な運動」です。

毎日フルマラソンを走っているわけではなく、「軽いジョギング」程度です。

逆に、そのくらいの負荷でなければ、20年も続きません。

本の場合は、1日3冊、年間1000冊ペースがちょうどいいです。

**多すぎず少なすぎず、無理のないペースが年間1000冊です。**

読む冊数も天才と同じにすることで、天才と同じ読書法をすることができるのです。

読書術 その7

## やってはいけない！ 1日1冊読もうとする

## これで天才に！ 1日3冊読む

「1日3冊は大変そうだ。1日1冊をノルマにしよう」という人がいます。

ダメです。

1冊よりも3冊のほうが楽だからです。

1冊を目標にしてしまうと、1冊も本を読まない日が必ずできてしまいます。

**「0か1か」しか結果が出ないと、0冊のときに落ち込んでしまい、やる気がなくなるのです。**

1日3冊を目標にすると、ダメな日でも1冊は読んでいる状態になります。

**「3冊、1冊、3冊、3冊、1冊、3冊……」というようになれば、自信がつきます。**

**「1冊、0冊、0冊、1冊、1冊、0冊……」だと、自信を失ってしまうのです。**

高校時代、「英語の長文を1日ひとつ読みなさい。そうすれば実力がつきます」という先生がいました。

ぬるい！　ぬるすぎる！　と言わざるを得ません。

1日1長文では、成績を落とさない程度で精一杯で、成績を伸ばすまではいかないからです。

そこで私は「1日20長文」をノルマにしたところ、なんと、全国模試でも1位になったのです。

もちろん、20長文読めない日もありました。

「今日は9長文しか読めなかった」「今日は3長文だった」ということもありましたが、20長文を目標にしたから、自信を失うことがなかったのです。

1日3冊にすることで年間1000冊になり、最適な読書習慣になるのです。

読書術 その8

やってはいけない！

## 1日に、できるだけたくさんの本を読むのがいいと思っている

これで天才に！

## 1日9冊が限界だと知っている

「1冊1分で本が読めたら、100冊、200冊の本を1日で読めるのではないか」と勘違いする人がいます。

すみません。無理です。

**1日9冊が限界だと思ってください。**

**というのも、私が伝授している1冊1分の手法は、いわゆる速読術ではなく、「体感時間のコントロール」だからです。**

1冊1時間で本を読むところを、「1分間を1時間に感じる」ことにより、1冊1分で本が読めているというだけです。

「石井さんの最高記録は、1日何冊ですか?」と聞かれたことがあるのですが、「1日38冊」というのが最高記録です。

とはいえ頭がボーッとして、その日は1日、仕事になりませんでした。38時間分を38分に詰め込むわけですから、かなり体力的にきついです。

**結局、心地よく最大冊数にするためには「1日9冊」というのがわかりました。**

8時間労働に加えて、残業を1時間しているくらいの感覚です。10冊以上は頭がボーッとしてしまうので、9冊に抑えるのがいいというのが我々の実験結果です。

1冊1分を伝授している私以外のインストラクターにも、試しに1日何冊までならいけるか実験をお願いしたのですが、「27冊でした」というインストラクターが最高記録でした。

「9冊までは頭に入ってくるのですが、10冊目以降は疲れて頭に入ってこないです。38冊なんて無茶です……」

という答えが返ってきました。

私自身、1日9冊までにしていますし、私が伝授した方にも「1日9冊が限界だと思ってください」と伝えています。

逆に、1日10冊以上読んだとしても、ぼーっとしてほかの仕事に支障が出たり、車の運転中にボーッとしたら困ります。

1日9冊以上読むようであれば、その本は翌日に回したほうがいいです。

## 1日3冊だと、習慣化しやすいです。

中古本を1冊100円で買っても、300円しかかかりません。

1日9冊がノルマだと、1日900円かかってしまいます。

もし、新刊で1500円の本を買ってしまったら、1日1万円以上が書籍代になることになり、さすがに金銭的にもつらくなる人が多いでしょう。

1日3冊で、もっと読みたいと思ったとしても9冊にとどめておく。

このペースがもっとも習慣化しやすいので、オススメしているのです。

適切な読書量を守って習慣化しよう!
少なすぎる
1日1冊読んでいる私は読書家だ!!
1日3冊、月に90冊
年間1000冊が理想
1日3冊読むぞ!
でも…1日9冊までを上限にしておこう!

読書術 その9

やってはいけない！

# 本は高いので、慎重に買おう

これで天才に！

# 本は安いので、どんどん買おう

「本は高い」という人がいます。

たいていの著者は、1冊の本をつくるのに、1か月〜3か月以上かけています。2年かけて1冊を書くという著者もいるくらいです。

**彼らの時間を1500円で買えるわけですから、安いです。**

1000万円の失敗の経験を本にした、1億円の失敗の経験を本にした、という著者もいるわけですから、本は、とても安いものなのです。

あなたが同じ経験をしたら時間もお金もかかりますが、本を読めば、著者の追体験ができます。

「投資で50万円から始めて、1億円稼いだ」という追体験もできますし、「10億円がなくなってしまった」という追体験もできます。

あなたがアインシュタインと同じ努力をしなかったとしても、アインシュタインの本を買うことはできます。

あなたがエジソンのように発明をすることができなくても、エジソンの思考法を本で学ぶことができます。

本は、あきらかに安いのです。

とはいえ、懐《ふところ》事情もあります。

1500円の本を1日9冊買ったら、15000円近くになってしまいます。

毎月45万円の出費をしてまで本を買うというのは、現実的ではありません。

そんななか、いまの時代は中古本があります。

**中古本で、とくに100円の本は、躊躇《ちゅうちょ》なく買いましょう。**

こんな経験もあんな経験も、100円で売っているのです。

新刊はもちろん買いつつ、中古本も買い込んでいきましょう。

「年間1000冊読むのであれば、1週間で1000冊買います！」と言って、本当にやってのけた受講者の方がいたのですが、1年で1000冊を読んでしまったそうです。

**その都度「本を買おうかなあ」と漠然と考えるよりも、まず家に1000冊ある状態をつくるのがオススメです。そのほうが、毎日、読む本に困りません。**

1日3冊読んでいると、「今日、読む本がなくなってしまった」というのが、一番のリスクになります。

夜10時に家に帰って、「読む本がない！　でも本屋さんは閉まっている」という体験を、年間1000冊ペースで読んでいると、必ずするようになります。

そのときに、すでに買ってある本が大量に家にないと困るのです。

**困る前に、大量に本を買っておく。**

これが、天才が見ている世界なのです。

読書術
その10

やってはいけない！

# 〝積《つ》ん読《どく》〟で困る

これで天才に！

# 読む本がなくなって困る

「読んでいない本が多くて、家に積んであります。まだ読んでいないのに、また次の本を買ってしまって……」という人がいます。

これは、読書スピードが遅いのが原因というだけです。

1日3冊、年間1000冊ペースになると、「積ん読で困る」という概念はなくなります。

**「私、まだ読んでいない本が500冊あって」というと、「いいなあ。あと500冊あるなんて」と感じるようになるのです。**

読書スピードが速くなると、「すぐに読む本がなくなって困る」という悩みになります。「積ん読があったらいいなあ。もう1冊もない……」と感じるようになるのです。

読む本がなくなったら、自分に関係ないコーナーに立ち寄るというのがオススメです。ビジネス書に興味がある方は、スピリチュアルコーナーや恋愛コーナーの本を読むのもいいでしょう。野球の本に興味があるのならば、偉人伝やリーダーシップの本を読むのもいいかもしれません。

「関係ある本ばかりを買っていると、読む本がなくなる」というのが、年間100冊の世界です。

最初の1年は、もしかしたらあなたと関係ある本だけで、もつかもしれません。**ですが2年目以降は、いまの自分には関係ない本を躊躇なく買っていかないと、年間1000冊には届かずに、読む本がなくなってしまいます。**

関係ない本にどんどん手を出せるマインドを持っていないと、年間1000冊が当たり前にはならないのです。

読書術 その11

やってはいけない！

# 1冊読み終わったら、古本屋に売ろうと考える

これで天才に！

# 2000冊を超えてから、古本屋に売ろうと考える

「本を読み終わった。古本屋で売ろう」という人がいます。

最初のうちは、この習慣はよくありません。

まず2000冊になるまでは、家の本棚やダンボールに入れておくのです。

2000冊を超えたら、入れ替え戦をおこなっていきます。

そうすると、**常に最高の2000冊に囲まれる**ことになります。

2000冊を超えて、3000冊くらいになると、「この2000冊は必要ないな」「この500冊は必要ないな」と、まとめて売れます。

10年以上ずっと本棚に残っている本もありますし、すぐに入れ替え候補になる本もあります。

こうなると、「今日、読む本がない」ということはなくなります。

常に2000冊のなかから選べるからです。

「年間1000冊本を読む」ということは、最初の2年間は、年間1000冊買う必要があるということです。

**3年目以降は、「800冊を新たに買って、200冊をすでに買った本を読む」という形にしていきます。**

5年、10年と2000冊をブラッシュアップしていくと、あなたにとって素晴らしい本ばかりが残ります。読む本に困ることもありません。

「古本屋に売るのは、2000冊を超えてから」をルールにすると、年間1000冊と同じ景色が見えるのです。

古本屋に売るのは、2000冊を超えてから!
1冊読みきった!
売りに行こう!
古本屋
入れ替えていく!
これはいる…
これはいらない…
売る本
残す本
2000冊を超えたら、
入れ替え戦をする!

読書術
その12

やっては
いけない！

## 毎日、同じ本を少しずつ読む

これで
天才に！

## 6か月に一度、同じ本を読む

本にしおりを挟んで、読んでいる人がいます。

読書スピードが遅い証拠です。

1冊1分になれば、しおりを挟んでいる暇などなく、最後まで読み終えてしまうからです。

少しずつ本を読み進めている人がいますが、本の終わりのあたりで、最初に何が書いてあったのかを忘れてしまうはずです。

**本は、少なくともその日のうちには、一気に最後まで読んでしまいましょう。**

「同じ本を、毎日繰り返し読むほうがいいのですか？」という質問をされたことがあるのですが、同じ本は「6か月後にもう一度」が原則です。

**素晴らしい本だと毎日読み返したくなる気持ちはわかりますが、6か月後にもう一度読むと、さらに新鮮な気づきが得られます。**

グッとこらえて6か月間寝かせたほうが、その本のよさが再認識できるのです。

10回同じ本を読むということは、「5年間、半年ごとに読み続けた」ということになります。

毎回、まったく違う気づきが得られるので、素晴らしい本は半年ごとに読むのがいいでしょう。

ではここで、私が半年ごとに読み返す本を2冊ご紹介します。

**1冊めは、『はじめの一歩を踏み出そう』（マイケル・E・ガーバー著／世界文化社）です。**

いかに仕組みをつくることが経営には大切か、ということが書かれていて、読み返すたびに違う気づきが得られます。

**もう1冊は、『ゴール』（ブライアン・トレーシー著／PHP研究所）です。**

いまやっていることは正しいのだろうか？　という気づきを半年ごとにいただけています。

同じ本を半年ごとに読み返すことで、あなたの人生は豊かになるのです。

第3章

# 本は好きじゃなくても大丈夫！速く読むための読書術

読書術 その13

やってはいけない！

# 新しい速読術に、手を出し続ける

これで天才に！

# 速読ではない手法を使って、速く読む

「本を速く読めるようになりたい」と思ったことがある方は多いでしょう。
「いや、本を速く読みたいと思ったことなんて一度もないぞ」という人のほうが、逆におかしいです。

本来1時間で読める本が10分で読めたら50分の短縮になりますし、5分で読めたら55分の短縮になるからです。

**「情報処理を最速化する」というのは、現代人にとっては必須テーマです。**

8時間労働で終わる仕事が4時間でできるようになれば、「仕事ができる人」

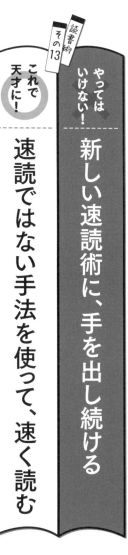

と評価されます。

さらに8時間で終わる仕事が1時間でできるとなれば、「ものすごく仕事ができる人」だということになるわけです。

ただし、「情報処理を最速化する」という方向性は間違っていませんが、「速読術を使って」という手法は間違っています。

**速読は、挫折《ざせつ》率95%と言われています。**

逆に、速読に手を出して挫折しなかった人を、私はほとんど知りません。速読セミナーの先生として速読を教えている人でさえ、速読ができなくて困っている人もいるくらいです。

**なぜ挫折するのかというと、ひとつは、習得までが大変だからです。**

眼球運動のトレーニングで疲れ切ってしまったり、何年にもわたる訓練が必要だと言われたりするからです。

**もうひとつの理由は、果たしてそのトレーニングをしたことにより、本当に誰**

**しもが速読をできるようになるのか、誰にもわからないからです。**

「速読トレーニングの結果、速読ができるようになった」という先輩に出会えないので、モチベーションが落ちてしまうのです。

トレーニングが大変で、さらには大変なトレーニングの結果、できるようになったという人に出会えないのです。

挫折率95％でも、仕方がありません。

「労多《ろうおお》くして益少《えきすく》なし」ではなく、「労多くして、益わからず」というのが速読の世界なのです。

「速読術を使わなければ、本が速く読める方法はないじゃないか。どうしろと言うんだ」と怒りたくなる気持ちもあるでしょう。

答えは簡単です。

**「速読の技術を使わず、結果として本を速く読めるようになればいい」**のです。

眼球運動のトレーニングもせず、気づいたら本を速く読めていたら、それでいいのです。

ダイエットも筋トレも、挫折する人は必ず存在します。

トレーニングが大変だからです。

逆に、「最初にやり方さえ身につけてしまえば、そのあとのトレーニングは必要なくなる」という手法を使えば、挫折することもなくなります。

**では、身につけるべきスキルは何なのか。**

**それが、「体感時間のコントロール」です。**

これならば、身につけたあとのトレーニングは、ゼロになります。

1分を1時間のように感じることができるようになってしまえば、1時間分の読書が1分で終わるようになるのです。

読書術 その14

やってはいけない！

# 楽しみながら、本を読む

これで天才に！

# イライラしながら、本を読む

「本は楽しんで読むものだ」と、当たり前に考えている方がほとんどでしょう。違います。

**本は、イライラしながら読むものです。**

アインシュタインの、こんな言葉があります。

「美人のそばにいると、1時間いてもわずが1分のような気がするが、熱いストーブの上に腰掛けていると、1分間は1時間にも思える。これが相対性原理なん

です」（『D・カーネギー　人生のヒント』三笠書房より）

時間は、相対的なものです。

1分は、時計で測れば同じ1分です。これを「絶対時間」と言います。しかし、同じ1分でも、ムチで叩かれながら拷問《ごうもん》を受けている1分と、楽しいテレビドラマを見ている1分は、同じ1分ではありません。

**「楽しい時間は一瞬で過ぎ去り、苦痛の時間は永遠に感じる」というのが、脳内の時間の流れです。**

楽しみながら本を読んでいたら1時間が一瞬で過ぎ去るかもしれませんが、実際にかかっている時間は1時間です。

**イライラしながら本を読めば、1分が1時間に感じるので、1分で本を読み終えることができます。**

ポジティブな感情で本を読むのではなく、ネガティブな感情で本を読む習慣をつけると、1冊1分で読むことができるようになるのです。

読書術 その15

やってはいけない！

# 本が好きだ

これで天才に！

# 別に、本は好きでも嫌いでもない

「本が好きなんです。本に囲まれて暮らしたいなあ」という人がいます。

そういう方は、たいてい本を読むのが遅いです。

理由は2つあります。

**ひとつは、本が好きなので、じっくり味わって、一言一句読んでしまうということです。**

**もうひとつは、本が好きで、ポジティブな感情のまま本を読むため、体感時間が速くなってしまうからです。**

本を「好きなもの」として捉えるのではなく、「本という対象物」というニュートラルかつ無感情《むかんじょう》な視点で捉えましょう。

学生時代を思い返してください。

「勉強が好きなんです」という人は、成績が意外と上がらなかったはずです。偏差値60くらいまでは上がるのですが、そのあと伸び悩むケースが多いのです。

逆に、「別に、勉強が好きってわけでもない。だから最短・最速で成績を上げよう」という人は、一気に偏差値が70になったりしたはずです。

天才的な人は、常に、物事に無関心のようなそぶりを見せています。

打ち取られたらガックリして、ホームランを打ったらガッツポーズをするイチロー選手は想像できません。

勝ったらはしゃいで、負けたら泣いている将棋の羽生善治さんは、見たことがありません。

野球という対象物を冷静に捉え、日々の準備に明け暮れる。

将棋という対象物を冷静に捉え、最善の一手を打つ。
これが、天才が見ている世界です。

**好きだという思いが前面に出ていたら、体感時間が速くなってしまいます。**

スポーツの練習のときでも、体感時間が速くなってしまい、成長がなかなかできなくなります。

漫画『ドラゴンボール』（鳥山明著／集英社）で、「精神と時の部屋」というものが存在します。

この部屋に入ると、30日分の修行が1日でできるというものです。

孫悟空やベジータが「精神と時の部屋」に入って修行をすると、たった7日間の修行でも、一気に強くなるのです。

最小の時間で、最大のパフォーマンスを出せるようになることで、物事は上達します。

1時間の勉強で数学の問題が1問しか解けない人と、6問解ける人がいたら、6倍のパフォーマンスの違いです。

1日1時間の勉強だとして、6か月後に解いた問題数を計算すると、1問×180日＝180問と、6問×180日＝1080問という大きな差になります。

体感時間の違いが、結果に影響を及ぼすのです。

「本が好き」と言っていたら、いつまで経っても本を読むのは遅いままです。

**「本なんて、別に好きでも嫌いでもないな」と思えるようになると、本を読む速度が速くなります。**

「速読術を身につければ、本が速く読めるようになる」という考え方を、「体感速度のコントロール術を身につければ、本が速く読めるようになる」という考え方に変えられる人が、本を速く読めるようになるのです。

読書術 その16

## やってはいけない！ 眼球を速く動かそうとする

## これで天才に！ 手を速く動かそうとする

速読術のトレーニングが大変なのは、眼球運動トレーニングがあるからです。目を速く動かせば、必ず目が疲れます。

**「高速で眼球運動をしながら1冊読め」と言われたら、なんとかできるかもしれませんが、「3冊読め」と言われたら、かなり目が疲れます。**

「こんなに目が疲れるのなら普通に読んだほうがいいな。このあと車の運転をしなければいけないし」と思って、速読のトレーニングをするのをやめて、挫折していくわけです。

眼球運動のトレーニングをせずに本を速く読めるようになれば、挫折することはなくなります。

**「ネガティブな感情のまま本を読む」ことができれば、本を読むスピードは上がります。**

「そんなことを言われても、本を嫌いにはなれない」という方もいるでしょう。

大丈夫です。安心してください。

本を嫌いにならずに、ネガティブな感情を引き起こす必殺技があるからです。

それが「本のページをめくることに対してイライラする」というメソッドです。

**本そのものを嫌いになるわけではなく、本の内容を嫌いになるわけでもなく、「ページをめくるという行為」に対してネガティブな感情を持つのです。**

ネガティブな感情さえ生まれれば体感時間のコントロールはできますので、ネガティブな感情の対象は何でもいいのです。

たとえば「幽霊が出る部屋で本を読め」と言われたら、どうでしょう。

「嫌だ！　早く逃げ出したい！」と思うので、本を読むスピードは速くなるはずです。

「嫌いな上司と2人きりだ。そんななか本を読まなければいけない」というシチュエーションであれば、「嫌だ！」と思うので本を速く読めるはずです。

とはいえ、「幽霊が出る部屋に住みましょう。そうすれば、あなたも本を速く読めます！」というアドバイスをされても困ります。

幽霊が出る部屋以外の場所では、速く本を読めなくなるからです（幽霊が出るのも、困りますが……）。

そこで私が開発したのが、「**ページをめくることに対してイライラしながら、本を読む**」という手法です。

これであれば、電車のなかであれ、どこにいたとしても、ネガティブな感情を引き出すことが可能です。

もちろん、ページをめくりながらイライラすることに慣れていなければできるようにはなりませんが、眼球運動のトレーニングは必要ありません。

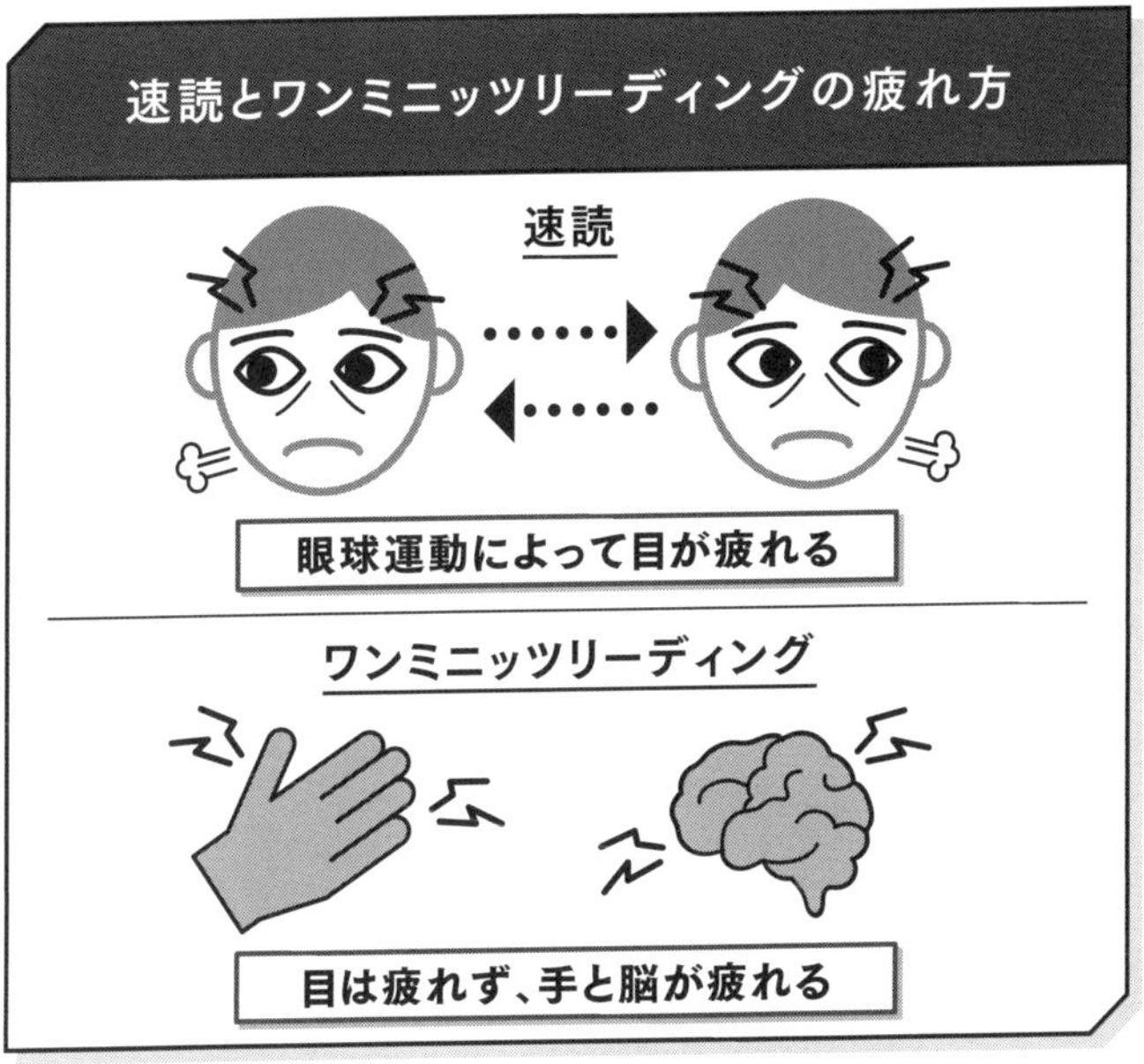


眼球運動によって目が疲れる

目は疲れず、手と脳が疲れる

**逆に必要となってくるトレーニングがあるとすれば、ページをめくるために、手を速く動かすというトレーニングです。**

「石井先生の手法をマスターすると、目は疲れませんが、手が疲れます」という感想をよくいただくのですが、その通りです。

本を読んだあとに「目が疲れた」というのが速読であって、本を読んだあとに「手が疲れた」というのが、速読を使わずに本を速く読んだときの感想なのです。

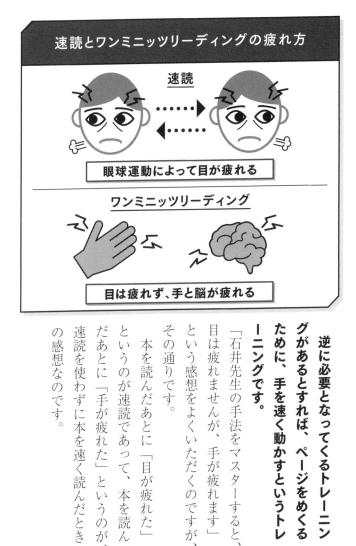

読書術 その17

やってはいけない！

# 本の内容を覚えようとする

これで天才に！

# 覚えようとするのではなく、忘れようとする

「本を1冊1分で読んで、内容は覚えているのですか？」と聞かれることが、とても多いです。

本の内容を覚えていなければ意味がないと考えてしまう、その思考回路が、まだどこかで「速読」の一種だと思ってしまっている証拠です。

ただの体感時間のコントロール術だと思ってください。

本の内容を覚えていなければダメだと思っていたら、本を読む速度は遅くなります。

必要なのは、本の内容を覚えようとすることではありません。

本の内容を、忘れようとすることです。

**本の内容を覚えようとしたら、「書いてある真意《しんい》は何なんだろう」と考えてしまい、読み進めるときに余計な時間がかかります。**

本の内容を覚えようとする行為は「悪《あく》」です。

やってはいけません。時間がかかるからです。

**逆に、本の内容をきれいさっぱり忘れようとしながら読み進めていけば、ページをめくることにためらいがなくなります。**

覚えよう覚えようとすれば、覚えるのを失敗して、忘れます。

忘れよう忘れようとして、忘れることに失敗して、覚えているものがあるという状態をつくり出すのです。

そのほうが、速く本が読めます。

「覚えていなければ意味がないじゃないか」という人がいますが、そういう人に対しては、「はい。そうです。意味がないですが、それが何か？」と突き放すようにしています。

**覚えようとして10％しか覚えていなくても、忘れようとしてそれを失敗して10％覚えていても、結果は同じです。**

ならば、忘れようとしたほうが速いのです。

「覚えていなければ意味がないじゃないか」という人に限って、「では、忘れようとして本を読む訓練を、3か月以上したことがありますか？」と聞くと、「ない」と答えるのです。

いま両手に持っている荷物を置いて、新しい荷物を取らないと、新しいメソッドを習得することはできません。

「いまの自分のままで、なんとか変わりたいのだが」というのは、残念ながらできません。

**いまの自分を捨てて、新しい自分に生まれ変わらないと、新しいメソッドも手に入りません。**

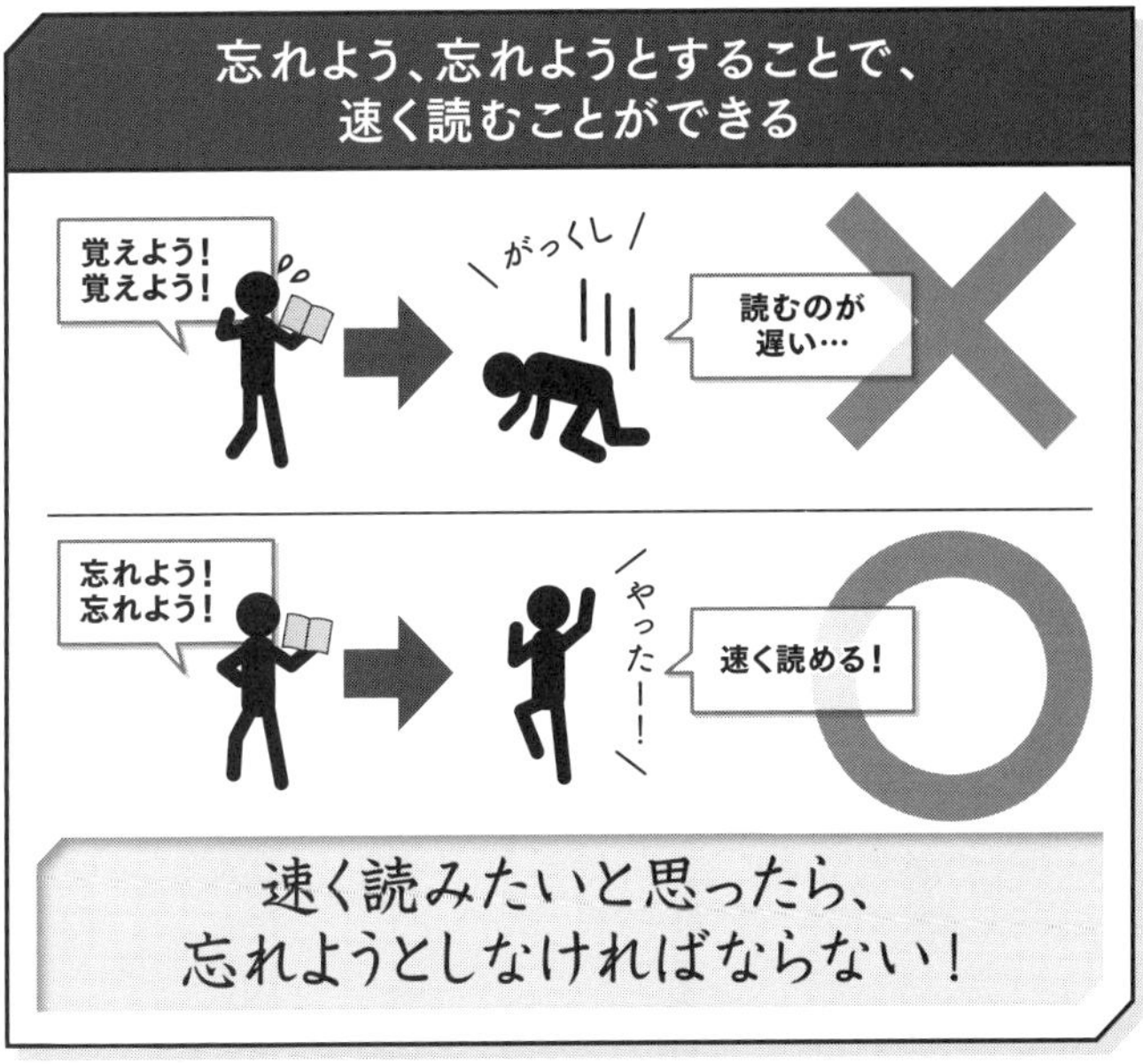
忘れよう、忘れようとすることで、
速く読むことができる
覚えよう！
覚えよう！
＼がっくし／
読むのが
遅い…
忘れよう！
忘れよう！
＼やったー！／
速く読める！
速く読みたいと思ったら、
忘れようとしなければならない！

覚えていなければ意味がないという考えは「悪」で、忘れようとして本を読むという考えが「正義」であると、発想を変えましょう。

**「覚えよう」としているから、いつまでたっても、本を読むのが遅いのです。**

「忘れよう」とすれば、そもそも何も結果を求めていない状態でページをめくることになるために、当たり前のように速く本が読めるようになるのです。

読書術 その18

やってはいけない！

## 理屈があることが正義だと思っている

これで天才に！

## 「無我の境地」が正義だと思っている

「科学的に説明してもらわないと納得できない」という理屈っぽい人がいます。**理屈っぽいというのは長所でもありますが、短所にもなります。**

あなたが数学者や科学者であれば、理屈っぽいということは長所です。理屈を突き詰めるのが職業なのですから、当然です。

ですが、生きていくうえでは、理屈っぽいというのは弱点になることのほうが多いです。

「理屈っぽい人だ」と思われたら、まず相手から嫌われます。

理屈っぽい人と一緒にいたら楽しくないと感じる人がほとんどなので、友だちになりたいという人は少なくなります。

恋愛でも、理屈っぽくてモテる男、理論武装をしてモテる女性、というのは聞いたことがありません。

そうではなく、感情豊かな人が、男性・女性ともに好かれます。

結婚しても、理屈っぽい人といたら、「これはどうなっているんだ」といちいち説明を求められるので、一緒にいたいと思いません。

理屈っぽいことが原因で喧嘩が発生して、離婚をしてしまうというケースも非常に多いです。

仕事でも「理屈っぽい上司」は、嫌われてパワハラで訴えられたりすることもあります。

にもかかわらず、「理屈で説明してくれないと」「科学的に正しいエビデンス（証拠）が欲しい」という人は、とても多いです。

**理屈っぽいことは「悪」です。**

**何をするのにも、スピードが遅くなるからです。**

「野球をやって、プロ野球選手になれる確率は何パーセントか」と計算ばかりをして、練習をしなければ、野球選手にはなれません。

考える暇があったら、いつも野球ばかりをしているという人が、野球選手になるはずです。

事業プランばかり考えて、10年、20年と起業をせずに、行動を起こさない人がいますが、考えずにやってみた人が成功します。

**大切なのは「紙の上での理屈」よりも、「現場における修正能力」だからです。**

**「答えを見つける力」よりも「答えにしていく力」が大切なのです。**

運命の人を見つけるのではなく、見つけた人を運命の人にしていく、という発想です。

私がテレビ局のアナウンサーを辞めたのが、2002年です。

当時は、「男性アナウンサーは、テレビ局を辞めてフリーになっても食べていけない。これは常識だ」と言われていました。

たしかにフリーの男性アナウンサーは、よほどの有名アナウンサーではない限り、仕事がありませんでした。

しかし17年経過したいまの時代は、DAZN《ダゾーン》やCS《シーエス》で、スポーツチャンネルが激増して、「男性の実況アナウンサーが足りない」という状況になりました。

「いつか男性のスポーツアナウンサーが足りなくなる時代が来る。だからテレビ局のアナウンサーを辞めることは正しいはずだ」と考えた友人もいました。

「まわりからは間違っていると言われたが、この道を正解にするんだ」と言って、彼はいまでは、引っ張りだこの人気アナウンサーになっています。

**自分が選んだ道を、あとから正解の道にしていく。**

これが正しいのです。

私自身、以前は「本の内容を覚えていることが正義だ」と考えていました。

ですが、そのままでは、読むのが遅いままでした。

そこで「本の内容を忘れようとすることが正義だ」という道を選び、それを正解にしていくんだと決意して、1冊1分のスピードを手に入れました。

「本の内容を忘れるのが正義だ」という道は、存在するのです。

読書術
その19

やってはいけない！

## しっかり、きっちり、一言一句文字を読む

これで天才に！

## いい加減で、テキトーな気持ちで、ページをめくっていく

理解しようとする行為は、左脳的な行為です。

**左脳を使うものは時間がかかり、右脳を使うものは一瞬で終わります。ならば、右脳を使って本を読んだほうが、読むスピードは速くなります。**

数学の問題を解くのは左脳的な行為なので時間がかかりますが、恋に落ちるのは一瞬です。恋愛は、右脳的な行為だからです。

本を読むために右脳を使うとはどういうことかというと、左脳を使うのをやめるということです。

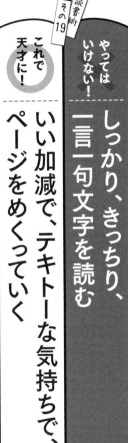

理解しようとする行為は、左脳的な行為です。

覚えたいという気持ちも、左脳的な行為です。

逆に、理解しようという気持ちがなくなり、覚えたいという気持ちがなくなれば、右脳的に読めているということになります。


**「しっかり、きっちり、一言一句文字を読まなければ」というのは、左脳的な読み方です。**

**「いい加減で、テキトーな気持ちで、ページをめくっていく」というのが右脳的な読み方です。**


左脳的で理屈っぽい人から見たら、「いい加減なんてひどい。テキトーに本を読んでいいはずがない」と感じてしまうでしょう。

ですが、どちらが読むのが速いかと言ったら、間違いなく右脳的な人のほうなのです。


**本の内容を理解しようという気持ちをビタ一文持たなくすることで、本を読むスピードは圧倒的に上がるのです。**

# 第4章

# やってはいけない「本の見つけ方」

読書術 その20

やってはいけない！

# 最後まで立ち読みしてから、本を買う

これで天才に！

# 本の表紙だけを見て、レジに持っていく

「本を選ぶのに失敗したくない。だから、まず立ち読みで最後まで読んで、いい本だったら、それから買いたい」という人がいます。

ダメです。遅いので、やってはいけません。

**本を選ぶ行為は、直感を鍛えるチャンスです。**

内容を見なくてもいい本かどうかわかるか、というESP《イーエスピー》テスト（エスパーのテスト）だと思って、本を買いましょう。

百歩譲《ゆず》って、「前書きを読んでから買う」というのはアリかもしれませんが、

結局、前書きを見ても見なくても買う本は買いますし、買わない本は買いません。

もちろん「いきなり書店に行って、新刊で同じことをしろ」とは言いません。

**まずは古本屋に行って、100円の中古本からスタートします。**

本の表紙を見て、手に取るだけで、いい本かどうかを判定できるようになる必要があります。

本の表紙を見て、そのあとに手で触った段階で、「この本は違う」と思ったら、その本は戻します。

将来的には1冊1分で本を読んでいくわけですから、本を買うかどうかに1分以上迷うのは、時間の無駄です。

本を見て、手に取っただけで、いい本かどうかを判別していくと、どんどん精度は上がっていきます。

**1冊100円の本でトレーニングをして、ある程度わかるようになったら、半額の本。半額の本でできるようになったら、新刊も「ジャケ買い」ができるようになるのです。**

読書術 その21

やってはいけない！

# いま、必要な本を買う

これで天才に！

# 将来、ピンチのときに救ってくれる本を買う

「いまの私に必要な本はどれだろう」と思って書店の本棚を眺めていたら、大量に本を買うことはできません。

**そうではなく、「いまの自分には必要ないかもしれないが、将来の私のピンチを救ってくれる本はどれか？」と直感的に選ぶのです。**

いまのあなたに必要な本だと、毎月90冊、年間1000冊本を買っていれば、すぐに選び切ってしまいます。

年間1000冊本を読むときに、何が最初の壁になるかというと、「読みたい

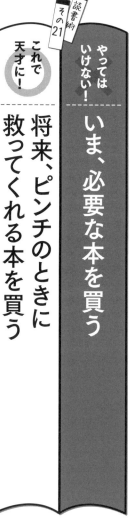

本が１０００冊もない」ということです。

「本が速く読めないから、本を毎月90冊買うことをしていない」のではありません。逆です。

**「本を毎月90冊買っていないから、本が速く読めない」のです。**

「本が速く読めたらなあ」という人は、本が速く読めるようになった世界のことをわかっていません。

「読むべき本が目の前にないことで、困る」というのが、本が速く読めている人の見えている世界です。


最初に、１０００冊の本を買い込んでしまいましょう。

そうすれば、「やばいぞ。速く本を読めるようにならなければ、１０００冊はこなせない」とお尻に火がついて、やっと本を速く読まなければいけない状況に追い込まれるのです。

本を読むのが遅い人は、そもそも家に本が１０００冊以下しかない人です。

追い込まれていないから、本を読むのが遅いままでも構わないと思ってしまうのです。

いまのあなたに必要な本を探していたら、探すだけで時間もかかりますし、年間の冊数も1000冊以下に絞られてしまいます。

**そんななか、いつかあなたがピンチになったときに救ってくれる本はどれだろうと思いながら本を選ぶと、躊躇せずに本を買うことができるようになります。**

「格言集」は、いまのあなたには必要ないかもしれません。でも将来ピンチになったら読むであろう「格言集」は、いまのうちに買っておけばいいのです。

いまは自分一人で社員はいなかったとしても、いずれ人を雇うことになるのであれば、いまからマネジメントの本を買っておくべきです。

会社を設立するよりも前から、「いずれ上場するかもしれない」と思うのであれば、会社の上場の仕方の本も買うのがオススメです。

私自身、起業当初に上場の仕方の本を買ったことで、勉強になりました。

上場するということは、「うちのビジネスモデルは、こういうものですよ」と世間に知らしめる必要があるということです。

そのため、上場している会社は、どんなビジネスモデルなのかを研究することができました。

いま必要な本ということで探すのであれば「一人で起業するには？」というテーマの本でよかったはずですが、「会社を上場させるには」というテーマの本を買ったことで、当時の自分にはない発想を得ることができました。

「上場するのであれば、最初から他人の資本は入れないほうがいい」ということを知らずに起業していたら、乗っ取りにあっていたかもしれませんでした。

**いまのあなたに必要な本を買っても、知識は得られますが視野は広がりません。**

「いつかピンチが訪れる。ならば、そのときに必要になりそうな本をいまのうちに買っておこう」と思うことで、どんどん手当たり次第に本が買えるようになるのです。

読書術 その22

やってはいけない！

# 著者を気にせず、本を買う

これで天才に！

# 好きな著者の本を、過去にさかのぼって買う

「視野を広げるためには、多くの人の考えを知ることが大切だ」と考えて、いろいろな著者の本を買っている人がいます。

ダメです。やってはいけません。

とくに本の表紙だけを見て買う場合、外れる確率が上がってしまいます。

**「この著者は好きだ！」と思ったら、その著者の本は全部買いましょう。**

**これを「全滅癖《ぜんめつへき》」と言います。**

私の場合は、アナウンサー時代に、中谷彰宏先生の本が大好きになりました。

なので、中谷先生の本をすべて買おうと思って、書店や古本屋を巡り、500冊以上を買いました。

すると、中谷彰宏先生と風水のDr・コパ先生との対談本があり、そこからDr・コパ先生の本も200冊買いました。

中谷彰宏先生が、「竹村健一先生が師匠です」と書かれていたのを見て、竹村健一先生の本も200冊以上買いました。

**好きな作家であれば、文体にも慣れ親しんでくるため、本を読むスピードも速くなります。**

それでいて、好きな作家の本なので、ハズレはほとんどありません。

好きな作家を見つけて、「全滅癖」を持って、その著者の本をすべて買おうとすれば、考えずに本を買うことができるようになります。

本選びが0秒でできるようになるのです。

読書術 その23

やってはいけない！

# 新人作家を発掘しようとする

これで天才に！

# 好きになれる有名作家を探す

「こんな新人がデビューしたんだ。どれどれ、読んでみよう」とする人がいます。

**アイドルの世界であれ、芸人の世界であれ、新人が生き残るのは至難の業です。本の世界も同じです。**

1冊目は出せても、2冊目を出せるのは50％、3冊目を出せるのはそこからさらに50％というふうに、どんどん減っていって、10冊以上書いている作家となると10分の1以下に減っていきます。

逆に言えば、10冊以上本を出せているということは、ファンがついていたり、いい文章を書いている著者である可能性が高いということです。

本を買って、「外した！」と言っている人は、「初めてその人の本を買った」というケースがほとんどです。

新人作家の本を買って外す確率というのは、残念ながら高いというのを覚えておいてください。

逆に、有名作家の本は、外す確率が低いということです。

**50冊以上本を出している作家がいたら、たとえあなたが嫌いだとしても、ファンがどこかにいるから本が世に出ているのです。**

作家との出会いは、一生の出会いです。

あなたの人生を変えてくれる作家と出会うことで、あなたの人生も変わるのです。

読書術 その24

やってはいけない！

# 有名作家の最近の本を読む

これで天才に！

# 有名作家のデビュー作から年代順に読む

有名作家のデビュー作を探しましょう。

東野圭吾先生が好きな方は、「東野圭吾先生のデビュー作」を、村上春樹先生が好きな方は、「村上春樹先生のデビュー作」を探すのです。

そして2作目、3作目と、作家の成長を追体験しましょう。

文体がどのように変わっていったのか、作風がどのように変わっていっているのかを知ることができます。

ちなみに、東野圭吾先生のデビュー作は、1985年に出版された『放課後』（講談社）です。

村上春樹先生のデビュー作は、1979年に出版された『風の歌を聴け』（講談社）です。

中谷彰宏先生のデビュー作は、1989年に出版された『農耕派サラリーマンVS狩猟派サラリーマン』（徳間書店）です。

新刊を読んで、「最近はどんな本を出していたのかな?」と数年以内に出版された本を買う人は多いです。

**そうではなく、好きな著者ができたら、デビュー作から年代順に読んでみたほうが得られるものは大きいです。**

どんな有名作家にもデビュー作はあります。

**「作家はデビュー作を超えられない」と言われるくらい、1冊目にはエネルギーが込められています。**

僭越《せんえつ》ながら、私のデビュー作は『オキテ破りの就職活動』（現在は、『就職内定勉強法』に改題。実業之日本社）です。

いまのほうが、あきらかに文章はこなれたものにはなっていますが、エネルギーが詰まっているという観点では、やはりデビュー作が一番です。

**「人生のすべてをこの1冊に込める」というのがデビュー作だからです。**

好きな作家を見つけて、デビュー作から読んでいきましょう。

第5章

# 凡人が天才に変わる「本の選び方」

読書術 その25

やってはいけない！

# タイトルで買う

これで天才に！

# 著者で買う

「この本はいいタイトルだな。買おう」と言って、タイトルだけを見て本を買う人がいます。

タイトルと中身がまったく同じ本ならば、それでもいいです。

でも、たとえば『チーズはどこへ消えた？』（スペンサー・ジョンソン著／扶桑社）は、当たり前ですが、チーズを探すための本ではなく自己啓発の本です。

本のタイトルは、本のなかの印象的な1行からつけられることもありますし、著者ではなく編集者がつける場合もあります。

**本は、タイトルよりも「装丁」（表紙）全体で判断するようにしましょう。**

なので、棚《たな》に差《さ》してあって、タイトルだけが見えている状態で購買決定をするよりも、実際に手にとって表紙を確認してからのほうが、いい本を選べます。

一番いいのは、著者名だけで本を買うことです。

同じ作家の本は、読めば読むほど速く読むことができるようになります。

作家の息遣いが、染み込んでくるからです。

違う作家の本ですと、文体が違うこともあり、ページをめくるスピードが遅くなってしまうこともあります。

**同じ作家の本を買うことで、本を読むスピードそのものを上げることができるのです。**

読書術 その26

やっては いけない！

横書きの本を買う

これで 天才に！

横書きの本は一切買わない

横書きの本は、買ってはいけません。

横書きは縦書きに比べて、圧倒的に読むスピードが落ちるからです。

**縦書きであれば1冊1分のスピードで読めますが、横書きでは、見開き2ページで8秒〜16秒かかってしまいます。**

もともと本を読むのが遅い人にとっては、縦書きでも横書きでも同じスピードなのですが、本を読むのが速くなればなるほど、横書きの本に手を出さなくなります。

速く読むためには、縦書きの本を読む！
横書きの本
う〜ん、
読めない
???
縦書きの本
1冊1分で
読める！

なぜ横書きが遅いのかというと、

・横書き＝西洋文化＝論理的に読むためのもの
・縦書き＝東洋文化＝直感的に読むためのもの

だからです。

**じっくり理解をするためには横書きは向いているのですが、直感的に感じとるためには縦書きの文章のほうが向いているのです。**

縦書きで1冊1分になったら、横書きのスピードも上がるのかというと、「それとこれとは話が別」というのが、正直なところです。

たしかに速くはなるのですが、そうは言っても縦書きよりは遅いので、横書きの本を1冊読む暇があったら、縦書きの本を10冊以上読んだほうがいいという感覚になります。

横書きの本を読まずに、縦書きの本ばかりを読むというのが、速く本を読むための秘訣なのです。

読書術その27

やってはいけない！

# 内容が濃い本がいい本だ

これで天才に！

# 気づきが得られる本がいい本だ

「内容が濃い本がいい本で、内容が薄い本がよくない本だ」と思い込んでいる人がいます。

違います。

内容が濃い本・薄い本という分け方が間違っています。

**そもそも本に、濃い薄いという基準はないのです。**

「この著者は、わざと文字数を稼いで、だらだらと書いている。薄い本だ」という人がいますが、もしそういう本があるのであれば、著者の責任ではなく編集者の責任です。

ダラダラ書いてある本は、チェック体制がない電子書籍であればあり得るかもしれませんが、紙の書籍であれば編集者がチェックしているので、存在しないはずです。

あなたが「ダラダラ書いているなあ」と思っている箇所に真実が書いてあり、「いいことが書いてある」と思っている箇所が、「ダラダラ書いてしまってごめん」と著者が思っているところかもしれません。

**A　「足を上げて、後ろから前へ、体重移動をしてバットを振りましょう。インパクトの瞬間が大切です」**

**B　「ブワーッとバットを振るんだ。ブワーッとだ！」**

と書いてある本があったとします。

論理的な人は「Ａの本がいいことが書いてある。Ｂの本は論理的ではないのでダメな本だ」と思うかもしれません。

ですが、気づきが得られるとしたらＢの本です。

「そうか。ブワーッとなんだな」と気づく人もいるからです。

**内容が濃い本・薄い本があるのではなく、気づきが得られる本・得られない本があると考えるのが正しいのです。**

読書術 その28

やってはいけない！

# いいことが書いてある本が、いい本だ

これで天才に！

# 実績がある人が語るのが、いい本だ

「この本にはいいことが書いてあった。だからいい本だ」

ダメです。感覚として間違っています。

**何を言うかよりも誰が言うか、だからです。**

「時給800円のフリーターが語る、億万長者になる方法」

「資産10億円持っている僕が語る、億万長者になる方法」

この２冊の場合、後者のほうが、あなたは知りたいと思うはずです。
もしかしたら前者のほうが、いいことが書いてあるかもしれません。
「では、あなたは彼の言うことを聞きますか？」というと聞かないはずです。

**A　「ボール球に手を出してはいけないことがわかりました」（２軍選手）**

**B　「ボール球に手を出してはいけないことがわかりました」（イチロー）**

Aの場合は「当たり前のことを言うな！」と怒るでしょう。
Bの場合は、「さすが！」と思うはずです。
同じことを言っているのに、発言者の違いで、印象が変わるのです。

**A　「足を上げて、後ろから前へ、体重移動をしてバットを振りましょう。イ**

**ンパクトの瞬間が大切です」（初ヒットを打った小学2年生）**

**B 「ブワーッとバットを振るんだ。ブワーッとだ！」（長嶋茂雄）**

前出の文章ですが、Bは価値ある文章、Aの文章は無価値な文章だということになるはずです。

本は、「誰が書いているのか」が大切なメディアです。

何が書いてあるかではなく、誰が書いた本なのかで、いい本かどうかは判断されるものなのです。

「実績のある人」が書いた
「気づきのある本」がいい本だ
「実績のない人」が書いた
「いい内容の書いてある」本
これは
いい本だ!
足を上げて、
後ろから前へ
体重移動を
して、バットを
振りましょう。
インパクトの
瞬間が大切
です。
著者:初ヒットを打った小学2年生
「実績のある人」が書いた
「気づきのある」本
これこそが
いい本だ!
ブワーッと
バットを
振るんだ。
ブワーッと
だ!!
著者:長嶋茂雄
「何を言うか」より「誰が言うか」
が大切

読書術 その29

やってはいけない！

## 「文字がびっしり書いてある本」がいい本だ

これで天才に！

## 「文字がスカスカの本」がいい本だ

「この本は文字がびっしり書いてあるからお得だ。同じお金を払うなら、文字数が多いほうがいい」と考える人がいます。

ダメです。

文字がびっしり書いてあったら、読みづらいです。

**読みづらいということは、読者にストレスを与えている本だということになります。**

文字がスカスカのほうが読みやすいので、読者にとっては有益な本です。

誰しも忙しいのですから、本を読むのが遅い人でも、1冊2時間以内に読めるような本が、いい本です。

読者の時間を奪う本ではなく、読者にとって、「この本を読んだことで、失敗をすることがなくなった。時間とお金を損しないで済んだぞ」という本が、有益な本です。

サラッと読める本は、文体がよかったり、いいことが書いてあるから、サラッと読める本だということです。

びっしり文字が埋め尽くされている本は、読むのに時間がかかるので、テンポが悪く、読者に負担を強いている本だと言えます。

**文字がスカスカで読みやすい本が、短い時間で成果を出したいあなたが手に取るべき本なのです。**

読書術 その30

やってはいけない！

# 雑誌しか買わない

これで天才に！

# 単行本を買う

「雑誌には、いろいろなことが書いてある。有益に違いない」と感じるかもしれません。

雑誌は、たしかに一見すると情報量は多いかもしれませんが、読んで人生が変わったという経験をした人は、いないはずです。

「私は、○○という雑誌の11月号を見て、人生が変わったんです」という話は、聞いたことがありません。

「私は『金持ち父さん 貧乏父さん』（ロバート・キヨサキ著／筑摩書房）を読ん

で、人生が変わりました」という話は、よく聞きます。

**本を読む理由は、ただ単に情報を仕入れるためではありません。人生を変えるために、本を読むのです。**

雑誌は読むのに時間がかかるので、新幹線での時間つぶしにはいいかもしれませんが、あなたの人生が変わることはありません。

起業したいと思って、起業特集の雑誌を読んでも、「会社を辞めて起業するぞ」と決意することはないでしょう。

一方で、経営者が書いている本を読むことで「本当に起業するぞ」と行動する人は、多いのです。

本は、あなたの人生を変えるために存在するものです。

「人生が変わる可能性が、1500円で売っている」というのが本の世界です。

**人生を変えるためには、単行本になっている本を買うのがベストなのです。**

第6章

# やってはいけない「読書習慣」

読書術 その31

やってはいけない！

# 朝、本を読む

これで天才に！

# 夜、本を読む

「毎日、朝早く起きて本を読もう」としている人がいます。

ダメです。意味がありません。

**なぜなら、朝の出来事は、夜にはキレイさっぱり忘れてしまうからです。**

朝、テレビで見た「めざましテレビ」の今日のみずがめ座の運勢を、夜、覚えていますか？

朝、テレビの天気予報で見た降水確率を、夜、覚えていますか？

そう、誰も覚えていないのです。

朝は、その日に何をするべきかということで頭がいっぱいだからです。

学校が終わって、仕事が終わって、やっと新しいことに取りかかれるのです。

朝の読書を習慣にしても、その日の夜には、いや、その日の昼にはもう読んだ本のタイトルさえ忘れています。

ならば朝に読書をしても、ほとんど意味はないということなのです。


**寝ている間に、記憶は短期記憶から長期記憶へと定着します。**


寝る前に本を読めば、寝ている間に、脳に内容が刷り込まれていくことになります。

3冊読んでから寝て、朝起きれば、「あ。こんな内容の本だったなあ」と、ある程度は覚えているものです。

朝、本を読んでも忘れてしまうだけですが、夜、寝る前に本を読む習慣をつけることで、脳内で記憶の整理がおこなわれるようになるのです。

読書術 その32

やってはいけない！

# 寝ながら本を読む

これで天才に！

# 座って本を読む

「寝ながら、ダラダラ本を読むのが好きだ」という人がいます。

ダメです。やってはいけません。

**座って本を読んだほうが、ページをめくる速度が上がるからです。**

寝ながら、ページを猛スピードでめくるというのは至難の業です。

寝ながらダラダラしたいのであれば、ＹｏｕＴｕｂｅなどで動画を見るほうが効率的です。

動画であれば、座って見ても寝て見ても、同じ動画だからです。

本に関しては、「ページをめくる」という作業が発生するので、寝ながらだと、ページをめくるスピードがどうしても遅くなってしまうのです。

**本は、ダラダラ読むものではありません。**

**見開き0・5秒のスピードで、どんどんめくっていくものです。**

勉強の一種というよりも、スポーツの一種です。

寝ながら野球をすることも難しいですし、寝ながらバスケットボールをすることも大変です。

読書は、「見開き0・5秒のスピードでめくっていくスポーツ」です。

寝ながら本を読むのは、効率的読書とは言えません。

寝ながらダラダラするのはよくないと言っているのではありません。

ダラダラするのであれば、テレビを見る、動画を見るといった、寝ながらでも効率が変わらないことでダラダラすればいいのです。

読書術 その33

やってはいけない！

# 足を組んで本を読む

これで天才に！

# 両足をつけて本を読む

足を組んで本を読んでいる人がいます。

ダメです。やってはいけません。

**足を組むと、読書効率が落ちるからです。**

両足を地面につける技法のことを、「グラウンディング」と言います。

グラウンディングをすることで、地球全体から情報をもらうことができると言われています。

両足を地面につけて勉強をしたほうが、勉強も捗《はかど》ります。

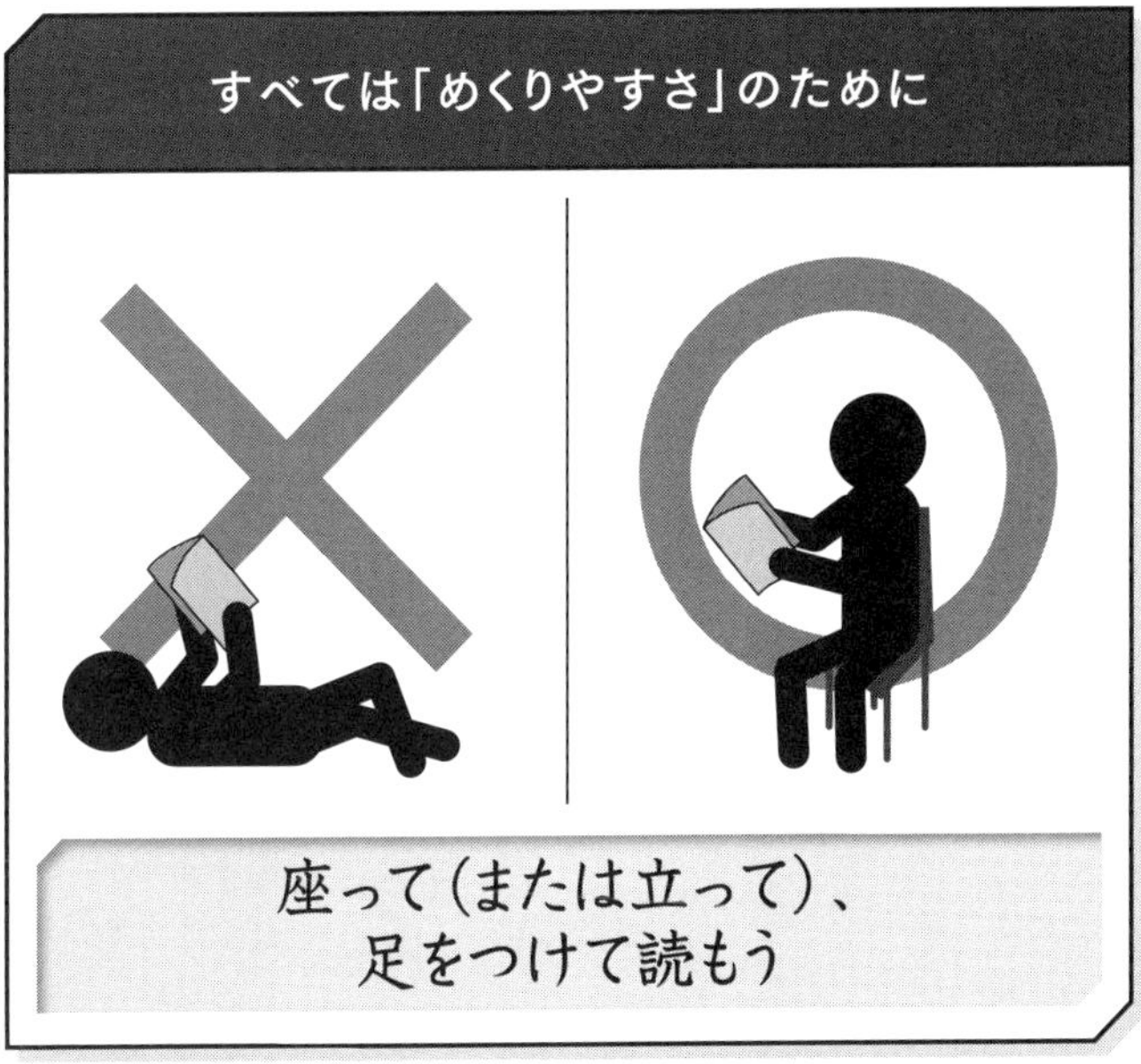
すべては「めくりやすさ」のために
座って(または立って)、
足をつけて読もう

読書は、

**(1) 座って読む**
**(2) 立って読む**

のどちらかで内容が入ります。

共通点は、両足を同時に地面につけていることです。

テレビを見ながらだったり、食事をしながらであれば、足を組んでもいいのですが、勉強と読書の場合には、両足を地面につけていたほうが内容がどんどん頭に入ってきます。

同じ時間を使うのですから、両足をつけて読書をしたほうが効率的なのです。

読書術 その34

やってはいけない！

# しおりを挟む

これで天才に！

# 大切なページの角《かど》を折る

「今日はここまで読んだ。しおりを挟《はさ》んでおこう」という人がいます。ダメです。やってはいけません。

**しおりを使う習慣があるということは、本を最後まで読み切らないケースがあるということです。**

1冊1分で本が読むのが当たり前になれば、「途中まで読む」という行為そのものがなくなります。

「30秒で一時中断して、それからまた読む」ということは、ほとんどありません。

電話が鳴っても、30秒で本を読みきってから出ます。

しおりという存在があることそのものを、忘れてください。

**大切なところがあったら、そのページの角を折ります。**

**どのくらい折るのかというと、1冊の本につき、10箇所以内が理想です。**

次に読み返すときに、その箇所だけを読み返せば、その本は10秒以内で読めることになります。

ノートにまとめるときも、その10箇所についてだけ、まとめればいいことになります。

「角を折ったら、古本屋で売るときに困る」という方がいますが、それは仕方がないと割り切ってください。

いま古本屋で出回っている本で、ページの角が折れている本はとても多いです。というのも、1冊1分で、年間1000冊読んでいる方が1000人以上いるからです。

古本屋の方、古本で買われる方、大変申し訳ございません。1冊1分で本が読める人を大量に輩出している、私の責任です。

逆に考えれば、古本屋で角が折られている本を見つけるたびに、「あ。この方も年間１０００冊読んでいるんだな。私もがんばろう」と思えるはずです。

年間１０００冊読んでいる方が１０００人いて、全員がページの角を折っているのですから、年間１００万冊の本が、ページの角が折られている計算です。

その方々の読み終わった本が古本屋で出回っているのですから、「またこのページの角も折れているじゃないか」というケースに出くわすわけです。

**「ひどい。この本のページの角も折れている」と文句を言う側になるのではなくて、「おお。年間１０００冊のお仲間がここにもいる！」と思って、自分を奮《ふる》い立たせる側になりましょう。**

年間１０００冊ペースで本を読んでいる人が多く存在する証拠が、「古本屋でページの角が折ってある本が多い」ということなのです。

読書術 その35

やってはいけない！

## ひとつの書店に通う

これで天才に！

## 目に入った書店があれば、とりあえず入ってみる

「近所に書店があるから、いつも同じところに行っています」という人がいます。ダメです。同じ本しか置いていないからです。

**手当たり次第、目についた書店に入りましょう。**

「え、こんな本があったの？　知らなかった」という本に出会えます。

年間1000冊本を読むわけですから、書店があるたびに入らないと、1000冊の本を買うことはできません。

同じ系列の書店でも、店舗が違えば、違う本が並んでいます。

書店の新刊は2週間で返品されてしまうことも多く、いい本が出ていたとしても、見逃してしまうこともあります。

書店だけではなく、古本屋にも行くことで、見逃してしまった新刊も手に入れることができます。

**オススメなのは、旅先で古本屋に入ることです。**

東京では探せなかった本が、四国に置いてあったり、仙台に置いてあったりします。

観光地のそばに、古本屋があったらチャンスです。

「ずっと読みたかったけど時間がなくて読めなかった。旅のときにじっくり読もう」というお宝本《たからぼん》が、読み終わって売られていることもあるからです。

目に入った書店にはすべて入る習慣があれば、年間1000冊の本を買えるようになるのです。

目についた書店はすべて入ろう!
近所の本屋
いつものあの店に行こう!
BOOK
見かけた書店はすべて入るぞ!
BOOK
BOOK
BOOK
「お宝本」に出会おう!!

読書術 その36

やってはいけない！

# 読んだ本のレビューを書く

これで天才に！

# 読んだら、次の本を読む

本を読んで、ネット上にレビューを書く人がいます。

悪口もよくありませんが、そもそもレビューを書く行為が時間の無駄です。

**そんな暇があったら、次の1冊を読んだほうが、ずっと有益です。**

「作家にとって一番の宣伝は、次の本を書くことだ」と言われます。

新聞広告を自腹で打つべきか、と悩んでいる作家の方もいますが、本を出したら次の本を出すのが、もっとも効果的な広告宣伝になります。

なぜなら、すでに書いた本の横に次の本が置かれるからです。

本を出したらまた次の本、本を出したらまた次の本、としていくことで、その作家のコーナーができあがります。

1冊だけ本を出しても、その作家のコーナーはできませんが、50冊、100冊と出していくことで、横一列の「東野圭吾コーナー」「村上春樹コーナー」のような「棚」ができるのです。

広告宣伝を打つよりも、コーナーができたほうが全体の売り上げは上がります。


読書も同じです。

**1冊の本を読んだら、すぐに次の本、その本を読み終わったら、また次の本を読むことで、一番成長していきます。**


起業家のインタビューで、有名な話があります。

「ビジネスが成功したら、どうしますか？」とＩＴ企業の社長に聞いたところ、

「南の島でのんびりしたいです」と答えた社長が多かったそうです。

そんななか、「ビジネスが成功したらどうするかだって？　そんなの、次のビジネスをやるに決まってるだろ！」と答えた社長が2人いました。

その2人が、堀江貴文さんと、サイバーエージェントの藤田晋さんだった、という話です。

**作家は本を書き終わったら、次の本を書くだけです。**
**社長はひとつのビジネスを成功させたら、次のビジネスをするだけです。**
**読者も、1冊本を読み終えたら、次の本を読むだけ、というのが正解なのです。**

第7章

# やってはいけない「本を速く読むためのトレーニング法」

読書術 その37

やってはいけない！

# 顕在意識《けんざいいしき》で、速く読もうとする

これで天才に！

# 潜在意識《せんざいいしき》で、速く読めると知る

「速く動くのではない。速く動けると知れ」という、映画「マトリックス」に登場するセリフがあります。

本を読むときも、同じです。

多くの人は、本を速く読もうとします。

眼球運動トレーニングをすれば文字が速く追えるようになるはずだと思って、一生懸命がんばります。

結局は目が疲れるだけなので、長時間トレーニングをすることもできず、挫折します。

**本は、速く読もうとしてはダメです。**
**速く読めると知る。**
**ただ、これだけです。**

脳の情報処理速度は、元々、ものすごく速いです。
パッと見ただけで、瞬時に何が書いてあるか、すでにわかっています。

**「ページをめくる速度＝脳の情報処理速度」です。**
**「眼球運動をして文字を一言一句追う速度＝脳の情報処理速度」ではないのです。**

ページをめくる訓練をすればするほど、脳の情報処理速度が高いことに気づきます。

本を読むのが遅い人は、ページをめくる速度が遅い人であり、本を読むのは速い人は、ページをめくる速度が速い人なのです。

読書術
その38

やっては
いけない！

# 1ページ1秒で読むと思い込んでいる

これで
天才に！

# 見開き0・5秒で読むと知っている

「1冊1分ということは、1ページ1秒で本を読むんですね」と勘違いをする人が、あとを絶ちません。

違います。

**1ページ1秒ではなく、見開き2ページを0・5秒のスピードです。**

1ページ1秒だと、見開き2ページでは2秒もかかってしまいます。

見開き2ページ0・5秒であれば、4倍の速度の違いがあるのです。

脳の情報処理速度は、見開き2ページ0・5秒で、ちょうどいいです。

それよりも速いと大変ですし、それよりも遅いと、遅すぎて逆に気持ちが悪いという感覚になります。

「本当にそんなスピードで情報処理ができるのか」と思うかもしれません。

では、お聞きします。

「あなたは毎日、見開き0・5秒のスピードで、3か月以上、本を読み続けたことがありますか?」

おそらく、やっていないはずです。

**このスピードに慣れれば、このスピードが当たり前になります。**

「できない」と「やっていない」は、違います。

多くの人が見開き0・5秒のスピードに慣れていないから、1冊1分で本が読めないという、ただそれだけなのです。

読書術 その39

やってはいけない！

「眼球運動トレーニング」が大切だと思っている

これで天才に！

「ページをめくるトレーニング」が大切だと思っている

「眼球運動トレーニングをすれば、本が速く読めるようになるはずだ」と思っている人は、とても多いです。

眼球運動をしても、意味はありません。

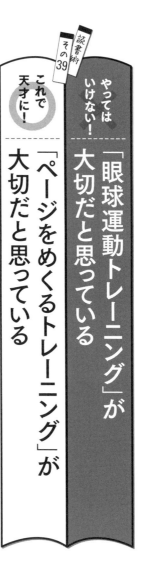

もし意味があるのであれば、学校の授業でも取り入れられているはずですし、スポーツの世界でも、トレーニングの一種になっていてもおかしくありません。

**トレーニングが必要なのは、「ページをめくるトレーニング」です。**

「わかりました。見開き０・５秒でページをめくればいいんですね」と言っても、残念ながら、たいていの人はめくれません。

このスピードでめくるのは、職人芸に近いからです。

最初はページをめくるだけでも、200ページの本で、1冊2分かかってしまったりします。

それを1分に短縮していくために、ページをめくるトレーニングをします。

これは、1日でできるようになる人もいれば、3か月、6か月とかかる人もいます。

「私は生まれつき本を読むのが遅いので、1冊1分は無理だ」という人もいるのですが、才能はまったく関係ありません。

もし生まれつきの才能があるとすれば、「ページを速くめくる才能」くらいなものです。

**後天的にトレーニングをすれば、ページはめくれるようになるので、安心してください。**

目ではなく、手のトレーニングが、本を速く読むときには大切なのです。

読書術 その40

やってはいけない！

# 本は、右手で持っても左手で持っても関係ないと思っている

これで天才に！

# 本は、右手で持って左手でめくるのがルールだと知っている

「本を持つ手なんて、右手だろうが左手だろうが、どちらでもいいに決まっている」と思っているかもしれません。

違います。

**右手で持って、左手でめくる。**

**これがルールです。**

**左利きであっても、右利きであっても、同じです。**

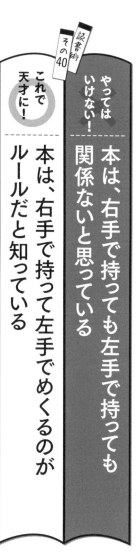

## これがワンミニッツリーディングだ!

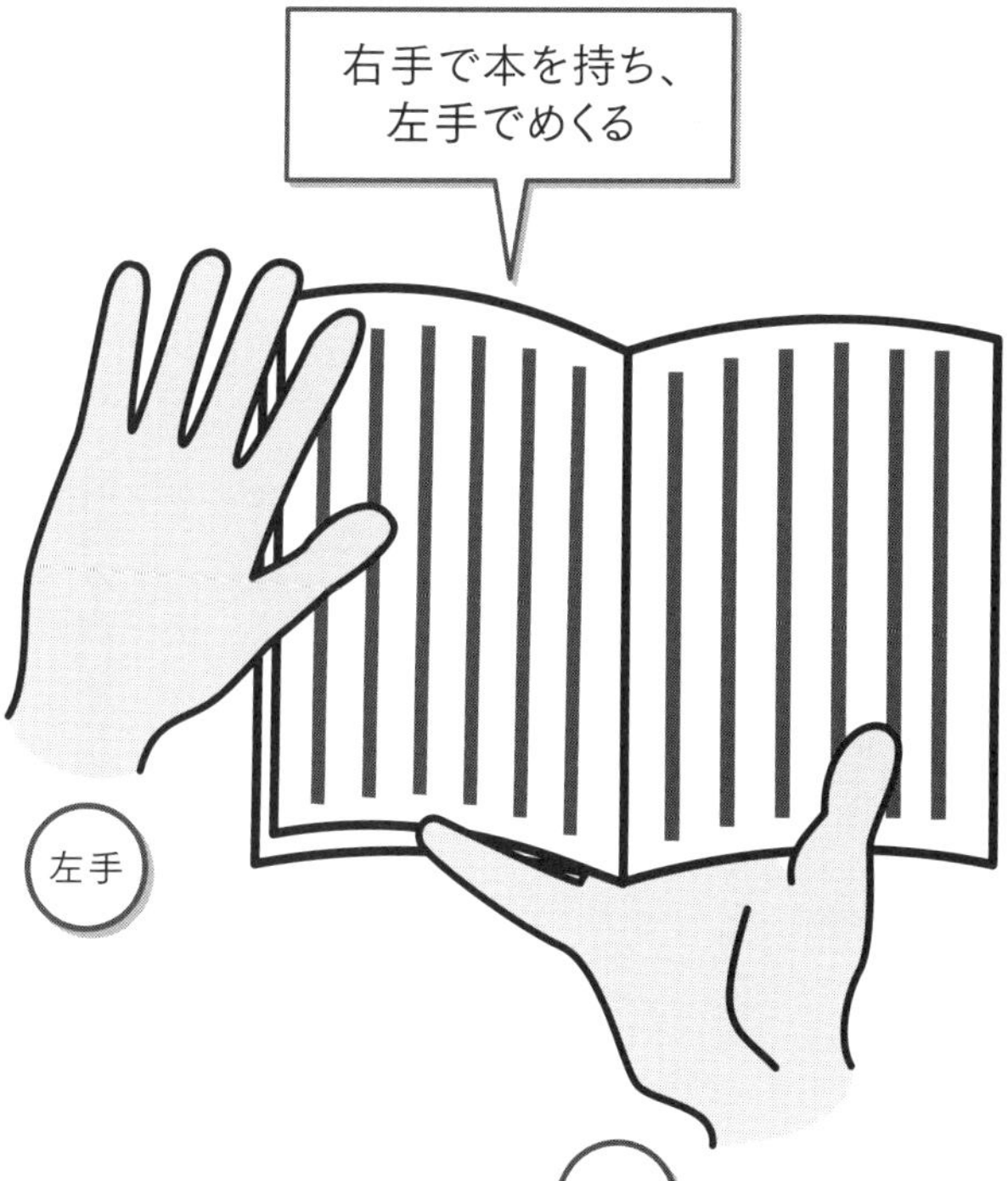


**見開き2ページを0.5秒でめくれば、
1冊1分で読める!**(200ページで1分間)

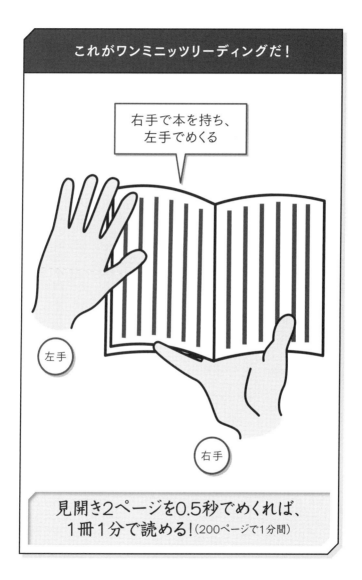

左手は、右脳（潜在意識）とつながっています。

**左手でめくることで、本の内容を潜在意識に入れていくことが可能になります。**

右手でめくっても、内容が頭のなかに入ってきません。

実際に多くの受講者の方で試したことがありますが、皆さん、左手でめくるほうが、すんなり本の内容が入ってくると言っています。

右手で持って、左手でめくる。

これを当たり前にしながら、見開き0・5秒でページをめくっていくトレーニングをすることで、1冊1分も可能になっていくのです。

読書術 その41

やってはいけない！

# 結果を求めて、失敗する

これで天才に！

# 結果を求めなければ、結果が現れると知っている

「1冊1分のスピードで、すべての内容が頭に入ってくるのだろうか」と、いきなり結果を求める人がいます。

残念ですが、いきなりは無理です。

最初は、ほとんど頭に入ってこないでしょう。

**1300人の受講生のデータによれば、「1日3冊で、6000冊を超えたあたりから、内容が頭に入ってきた！」という方が多いです。**

なので、いきなり結果を求めても無理だということは、お伝えしておきます。

「そんなのは嫌だ。いきなり結果が欲しい」という方がいるのですが、

「いきなり野球を始めて、1日でメジャーリーガーになれなければ嫌だ」

「いきなり勉強を始めて、1日で東大に合格できなければ嫌だ」

と言っているのと変わりません。


**自分がすでにチャレンジしたことに関しては、「結果が出るまでに時間がかかる」とわかっているのですが、新たにチャレンジすることに関しては、「いきなり結果が出なければ嫌だ」と思うのが人間です。**


「ダイエットをして、1か月で10キロ痩せなければ嫌だ。それができないなら、やりたくない」と考えている人は多いです。

「会社をつくって、1年で軌道に乗らなければ嫌だ。だから起業しないんだ」という人も多いです。


私自身、「ゴルフを始めて3か月でシングルプレイヤーになれなければ嫌だ。だからゴルフはやらない」と決めているくらいです。

誰しも、やったことがない分野に関しては、「最初に過度な期待をし、それができないなら嫌だ」と考えるものなのです。

1冊1分の方法についても、同じです。

15年以上、1冊1分で本を読んでいるのが当たり前になっている石井貴士と同じレベルになろうとしても、いきなりはなれません。

**6か月トレーニングをすれば6か月なりの成果が、2年トレーニングをすれば2年なりの成果が出るというだけです。**

野球技術の上達に終わりがないように、1冊1分の世界にも、終わりはないのです。

第8章

# 1冊1分になるための具体的な方法

読書術 その42

やってはいけない！

1冊1分は、いきなりなれるものだと思っている

これで天才に！

## 1冊1分になるには、3段階のトレーニングが必要だと知っている

「1冊1分になる方法を、ひとことで言ってくれ！」

こう言ってくる人があとを絶ちません。

私としては「ひとことでは言えません」と言いたいところなのですが、あえてひとことで言うとすれば、

**「見開き0・5秒でめくれるようになり、それが当たり前になるまで6か月以上**

**継続する**」

ということになります。

では、どうしたら見開き0・5秒が当たり前になるのでしょうか。

そのためには、3段階のトレーニングが必要になります。

**第1段階：テンミニッツリーディング（10分読み）**
**第2段階：ファイブミニッツリーディング（5分読み）**
**第3段階：ワンミニッツリーディング（1分読み）**

これを、1冊の本に対しておこなうのがトレーニング法です。

まず、第1段階からお話しします。

**テンミニッツリーディングです。**

この場合も右手で持って、左手でめくるということは変わりません。右ページを3秒で眺め、左ページを3秒で眺めて、めくります。見開き2ページにつき6秒かかり、200ページの本で100回めくるので、600秒。

つまり、10分で1冊の本を読み終わる計算です。

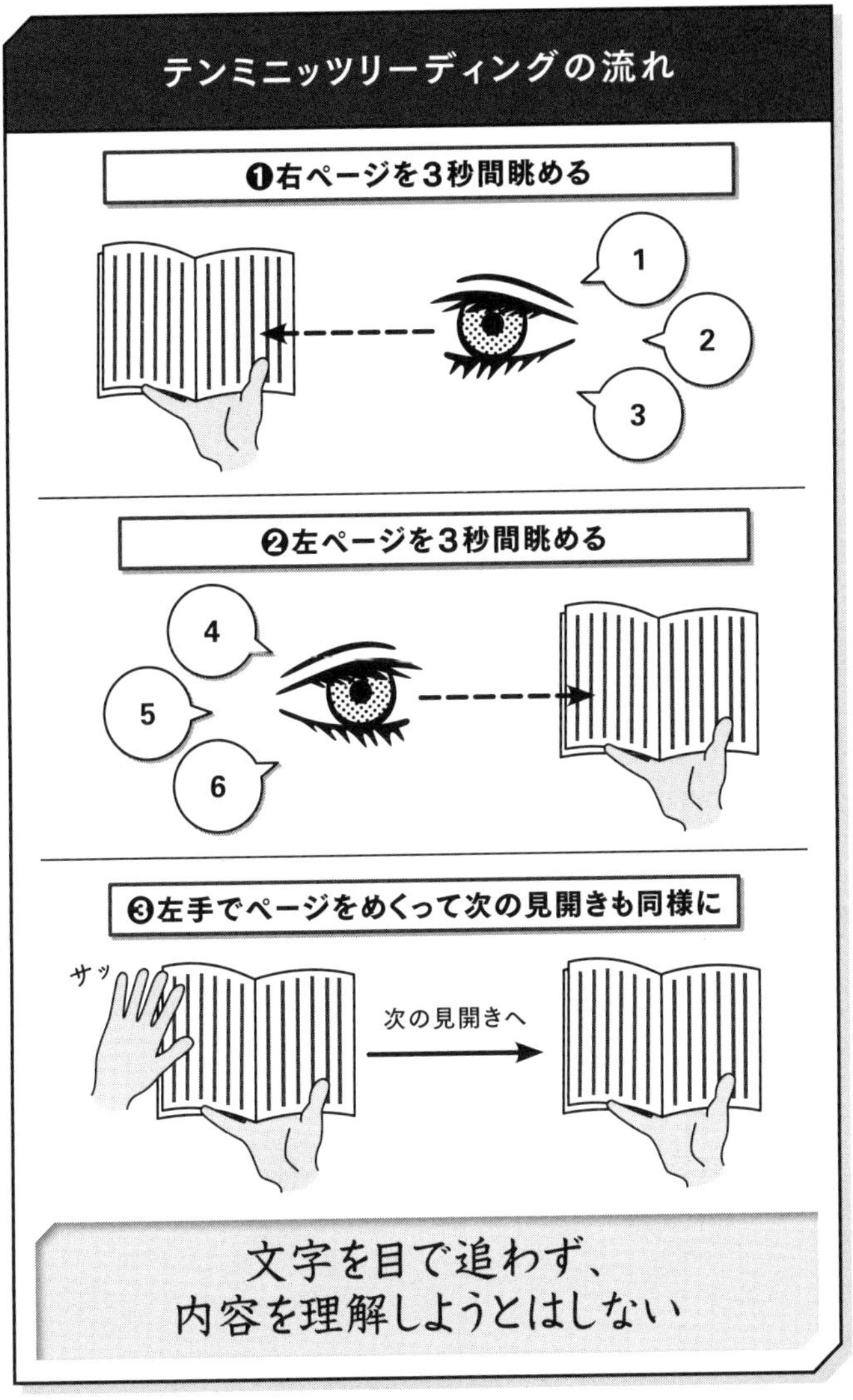
テンミニッツリーディングの流れ
❶右ページを3秒間眺める
1
2
3
❷左ページを3秒間眺める
4
5
6
❸左手でページをめくって次の見開きも同様に
サッ
次の見開きへ
文字を目で追わず、
内容を理解しようとはしない

第2段階に行きましょう。

**ファイブミニッツリーディングです。**

右ページを1秒眺めて、左ページを1秒眺めて、1秒でめくります。
これで、見開き2ページを3秒でこなせるようになります。

200ページの本で、合計300秒、つまり5分で1冊を読んでいることになります。

## ファイブミニッツリーディングの流れ

**❶右ページを1秒間眺める**

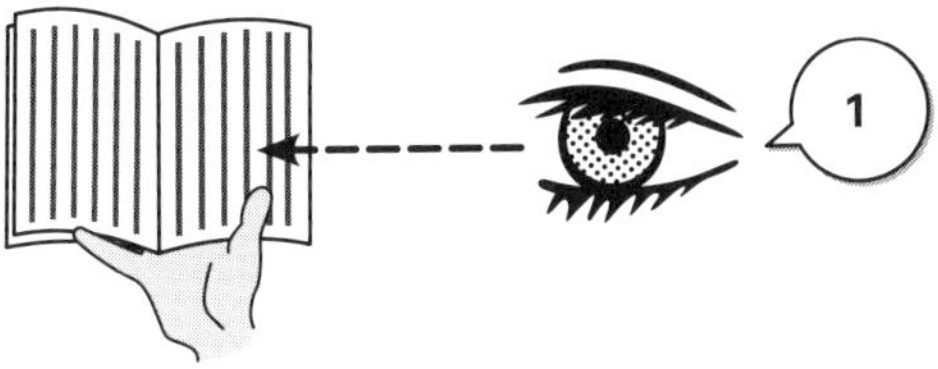


**❷左ページを1秒間眺める**

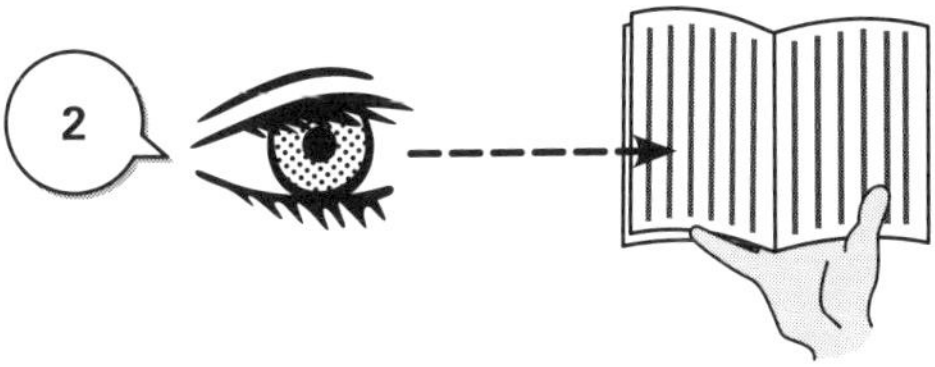


**❸左手でページをめくって次の見開きも同様に**

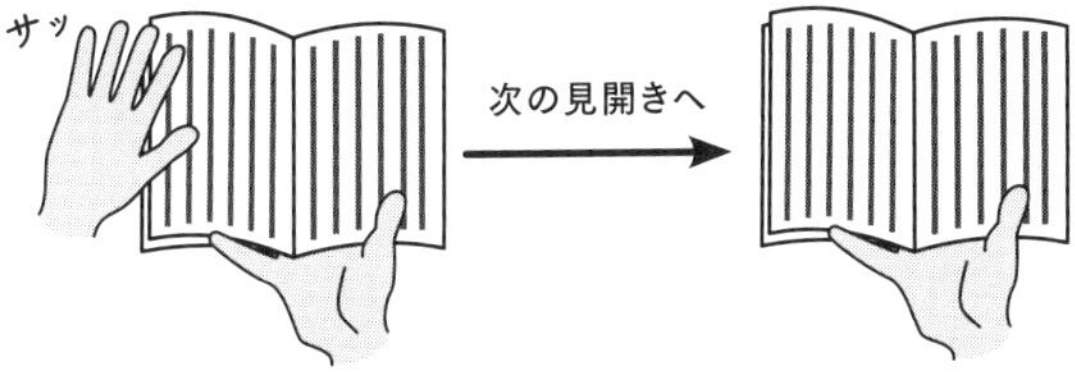


テンミニッツリーディングが
終わったら、すぐにおこなう

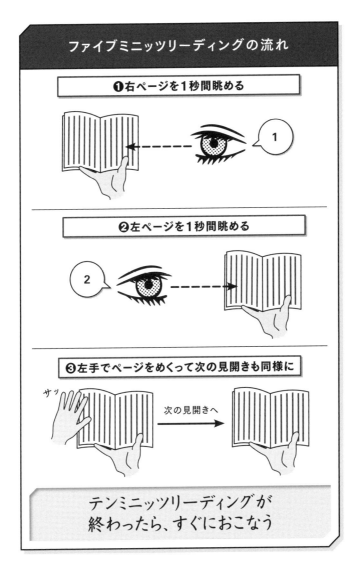

最後に第3段階。

**ワンミニッツリーディングです。**

見開き0・5秒でめくっていきます。

200ページで、100回めくることになりますので、1冊50秒の計算になります。

**注意点は、見開き1秒ではなく、見開き0・5秒というところです。**

このスピードではないと、1分を切れないからです。

初日には無理でも、6か月がんばれば、できるようになる方が多いので安心してください。

テンミニッツリーディング、ファイブミニッツリーディング、ワンミニッツリーディングの3段階のトレーニングをすることで、1冊1分が可能になるのです。

## ワンミニッツリーディングの流れ

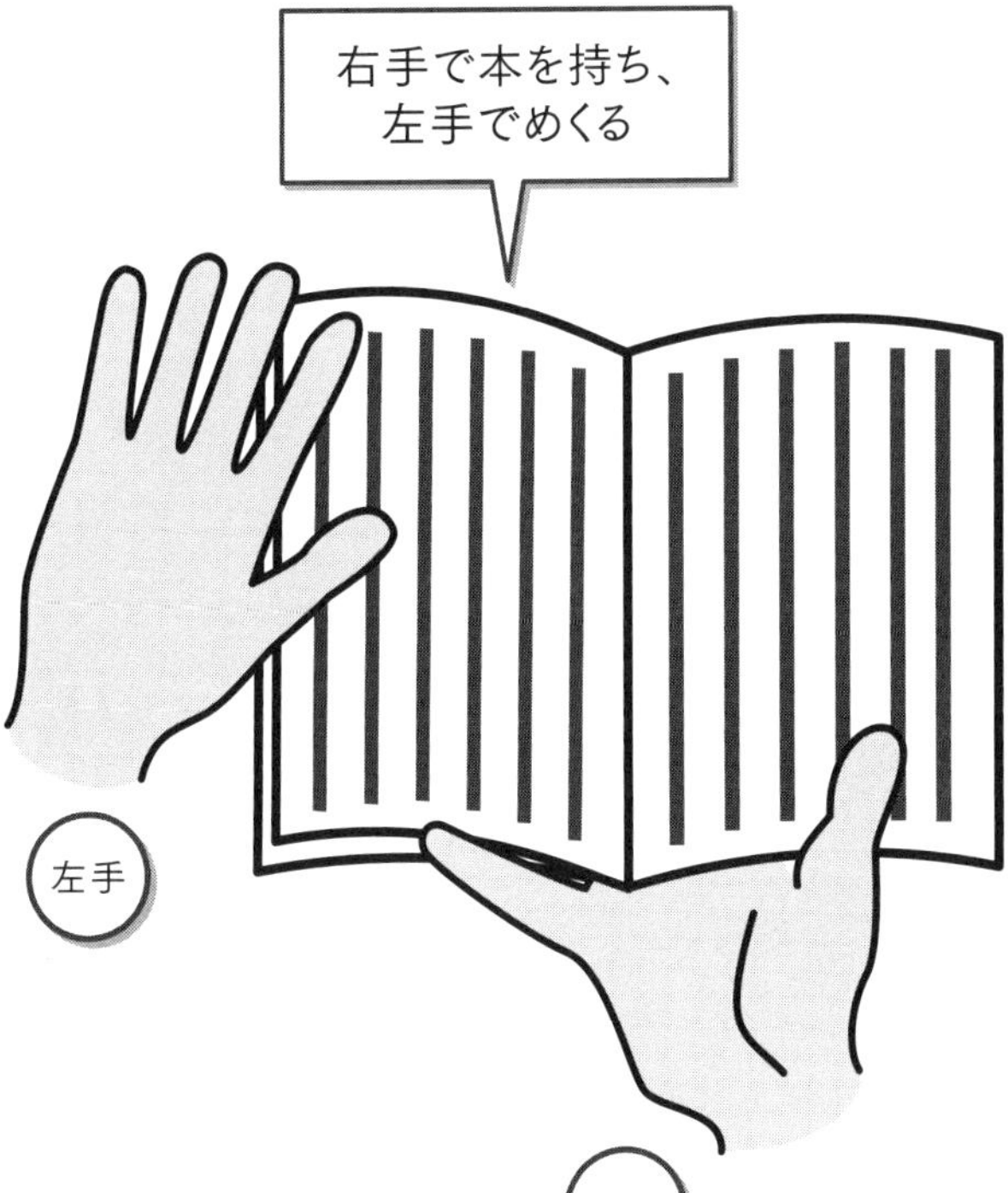


**見開き2ページを0.5秒でめくれば、
1冊1分で読める！**(200ページで1分間)

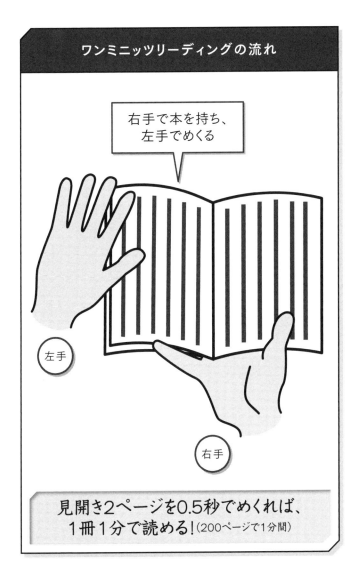

読書術 その43

やっては いけない！

# ポジティブな感情で読む

これで 天才に！

# わざとネガティブな感情をつくり出して読む

なぜ3段階のトレーニングが必要だったのか。

その理由は、ネガティブな感情、つまりイライラの感情を生み出すためです。

テンミニッツリーディングでは、右ページを3秒、左ページを3秒眺めるわけですが、そのときに注意点があります。

**（1）一切文字を追ってはいけない**

**（2）内容を理解しようとしてはいけない**

という2点です。
文字を追ったらアウト、内容を理解しようとしたらアウトです。
文字を一言一句追うのは、左脳的な行為だからです。
内容を理解しようとするのも、左脳的な行為なのでダメです。

「本を読め！　でも、文字を追うな！　内容を理解するな！」と言われたら、どんな感情が起きるでしょうか。

**そう。イライラするのです。**
**ネガティブな感情とともに読むことができるので、体感時間が遅くなるというわけです。**

ファイブミニッツリーディングのときも、同じネガティブな感情が起きます。
ワンミニッツリーディングのときは、ページをめくることに対して、イライラします。

なかなか見開き2ページを0・5秒でめくるというのはできないからです。

指が引っかかってしまったり、ページをめくろうとして空振りしてしまったりします。

ページをめくるという単純作業に失敗するので、イライラします。

このように、わざとネガティブな感情をつくりながら本を読んでいくことで、最終的には1分という時間を長く感じることができるようになるのです。

読書術 その44

やってはいけない！

## 1冊1分は、速く本を読んでいると思っている

これで天才に！

## 1冊1分は、タイムマジックを使っているだけだと知っている

「石井先生は、1冊1分で本が読めるなんてすごいです。速く本が読めるんですね」と言われることがあります。

たしかにほかの人から見たら、1冊1分で本を読んでいるので、速く読んでいるように見えます。

ですが、実際には「タイムマジック」を使っているだけです。

**タイムマジックというのは、絶対時間としての1分を、イライラの感情を使うことによって、体感時間として1分以上に引き延ばす技術のことを言います。**

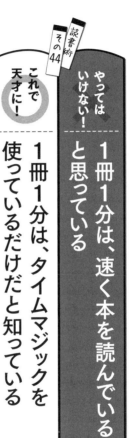

ほかの人から見たら1分で本を読んでいるには違いないのですが、私の脳内では、1分以上の時間が経過しているように思えます。

このタイムマジックが使えるようになることは、読書術においても、勉強においても必要です。

**同じ1時間でも、タイムマジックが使えない人と比べて膨大な情報処理ができるようになるからです。**

私は大学受験時代に、英語長文を5分で解いていました。

長文を読むのにかかった時間が5分ではありません。

設問を解く時間も込みで、5分です。

長文を読むのに1分、設問を解くのに4分という計算です。

**脳内でイライラの感情を生み出しながら問題を解く、という作業を繰り返したことで、タイムマジックが使えるようになったのです。**

脳内の体感時間のコントロールさえできるようになれば、読書も勉強も無敵になれるのです。

読書術 その45

やってはいけない！

## 何か特別なノウハウがないと、1冊1分になれないと思っている

これで天才に！

## 「見開き0・5秒」こそ、究極のノウハウだと知っている

「1冊1分になるための特別なノウハウを教えてくれ！」という人がいるのですが、特別なノウハウがないと1冊1分になれないのではありません。

**見開き0・5秒でめくれるようになる。**

**それが究極のノウハウです。**

単純すぎて拍子抜けするかもしれませんが、見開き0・5秒で、毎日本を3冊読み続け、それが当たり前になるまでやることが大切です。

「6か月間、1冊1分以外では読んではいけない刑」に処されている状態をつく

るのです。

もちろん、最初の1か月、2か月は、何も起きないほうが多いです。タイムマジックも起きなければ、イライラをするのも難しいという人もいるでしょう。

**内容に関しては、さっぱりわからない状態がずっと続きます。それでも、見開き0・5秒でめくり続けるのです。**

結果が出ないのを承知で、無我の境地でおこなうことで、気がついたら1冊1分になっているというのが、ワンミニッツリーディングができているという状態です。

結局のところ、見開き0・5秒こそが、究極のノウハウなのです。

読書術その46

やってはいけない！
# 文字を追う

これで天才に！
# 文字は一切追わない

「1冊1分のスピードでは、うまく文字が追えません」という人がいます。
そもそもが間違っています。文字は追ってはいけないからです。

どこかでまだ、速読術の一種だと思っていませんか？

**速読のトレーニングをしているのではありません。**
**めくり方のトレーニングをしているのであって、体感時間のコントロールのトレーニングをしているのです。**

文字を追ってしまったら、アウトです。

「本を読むのだから、文字を追いたい」というのは、快楽を求めているのと同じです。

快楽を求めてしまったら、体感時間としては、時間が過ぎるのが速くなります。トレーニングの結果として求めているものと、真逆のことをしていることになります。

文字を追ったらアウトだというトレーニングをしているのに、「文字が追えない」と言っているのは、おかしいです。

そもそも文字は一切追わない状態で、ページをめくっていかないと、一生、1冊1分の世界に来ることはできません。

文字を追うのは禁止です。文字を追わないのが、正しい道なのです。

読書術 その47

やってはいけない！

# 理解しようとしてしまう

これで天才に！

# 「理解は悪だ」と思ってトレーニングをする

「1冊1分のスピードでは理解できません」という人が、必ず出てきます。ダメです。そもそも、理解をしてはいけないのがこの手法です。理解をするためには、左脳を使うからです。左脳を使わないために、「理解禁止」が1冊1分になるためには不可欠です。

2007年以来、1300人以上の方に1冊1分の方法をセミナー形式で伝授していますが、そのときに何度も口を酸っぱくして言っているのが、「いかに文字を追いたいという感情をゼロにするか」「いかに理解したいという感情をゼロにするか」ということです。

多くの人がつまずくのは、ついつい、どこかでワンミニッツリーディングを「速読の一種だ」と思ってしまうことです。

**眼球運動をしてしまったり、文字を追おうとしてしまったり、理解しようとしてしまう習慣があると、いつまでたってもできるようになりません。**

眼球運動禁止、文字を追うのも禁止、理解しようとする行為禁止、というのが前提にあって、見開き0・5秒でめくっていくことで実現できるのが、ワンミニッツリーディングなのです。

## 「理解しよう！」と思ってはいけない

**「文字を追う」という意識は捨てよう！**

読書術 その48

やってはいけない！

# ワンミニッツリーディングができれば速読ができると思っている

これで天才に！

# 速読とワンミニッツリーディングは水と油だと知っている

「ワンミニッツリーディングをマスターすれば、速読ができるようになるはずだ」と勘違いしている人が、いまでもいます。

ダメです。どこかで速読の一種だと、まだ思っている証拠です。

速読とは求めている方向性がまったく違います。

**速読とワンミニッツリーディングは、水と油のようなものです。**

水と油は一見、透明で同じもののように見えますが、火をつけて燃える液体と燃えない液体なのですから、中身はまったく違います。

速読は、「理解度テスト」があったりします。

「理解できていたら、速読ができている人」

「理解できていなかったら、速読ができていない人」

という判定基準です。


ワンミニッツリーディングの判定基準は、「200ページの本で、1冊1分を切れるかどうか」という判定基準です。

**「めくれていたら、できている人」**

**「めくれていなかったら、できていない人」**

ということになります。


ワンミニッツリーディングができるようになると、ページがめくれるようにはなりますが、内容が理解できるかどうかとは、まったく関係ありません。

**内容の理解には興味すらない状態になることが、できるようになっている人の特徴です。**

「そんなのは嫌だ」と言う人がいたら、まだどこかで、ワンミニッツリーディングを速読の一種だと思ってしまっています。

速読とワンミニッツリーディングは、水と油のように、相容《あいい》れないメソッドなのです。

読書術 その49

やってはいけない！

## それでも、どうしても理解したい

これで天才に！

## 理解するためではなく、天才になるために読む

「どうしても、本の内容が理解したいんです」という人が、そうは言っても必ず現れます。

ダメです。何度も言いますが、理解は「悪」です。

理解しようという行為は、絶対に絶対にやってはいけません。

**理解度テストがあったとしたら、本の内容をさっぱり理解しようとしない人が「優秀」で、理解しようとしてしまったら「落ちこぼれ」というのがワンミニッツリーディングの世界です。**

「それなら、意味がないじゃないか」というのであれば、まだどこかで、1冊1分を速読術の一種だと思っているということです。

「速読がしたい」という人にとっては、ワンミニッツリーディングは、まったく意味がないものです。内容を理解することそのものが、禁止だからです。

「じゃあ、何のために本を読むんだ。理解するためじゃないのか」と言う人もいるでしょう。

**理解するために本を読むのではありません。天才になるために読むのです。**

「ページをめくるために本を読む」のがワンミニッツリーディングです。

内容を理解しようという気持ちを捨て、見開き0・5秒の世界だけを体感し続けるのが、ワンミニッツリーディングです。

**「理解したい」を捨てた瞬間、本はあなたのものになるのです。**

やってはいけない！

## 「自分さえ助かればいい」と思っている

これで天才に！

## 「多くの人を助けられる人になりたい」と思っている

「自分さえよければいいんです」という人は、本を速く読む必要はありません。

自分さえよければいいのであれば、いまのままの延長線上で生きればいいわけであって、新しい自分に生まれ変わる必要はないからです。

いまのままの会社、いまのままの自分で、なんとか定年までやっていければいいと考えている人は、わざわざ自分を変えてまで、1冊1分になる必要はないと考えています。

「そこそこ」の結果を求めるのであれば、いまのまま「そこそこ」の努力をすればいいからです。

1冊1分で本が読めるようになるということは、毎日3冊、年間1000冊、本が読めるようになってしまうということです。

**年間1000冊本を読むと、どうなるか。**

**そう。天才と同じ読書術を身につければ、天才と同じ思考回路が身についてしまいます。**

天才は「自分さえよければいい」とは考えていません。自分の天才的な能力を使って、いかに多くの人を救えるかと、いつも考えています。

**「どうしよう。天才になってしまった。年間1000冊の本を読んで得られた知識を使って、どうやって多くの人を助けるべきか**」と、ついつい考えてしまう。

この思考回路が、ワンミニッツリーディングを身につけた人の特徴です。

「本を読むのが遅いときはそうは思わなかったが、1冊1分になったら、多くの人を助けたいと思った」という方もいます。

意外にも多いのは、「多くの人を助けたいんです。だから1冊1分を身につけなければいけないんです」という人です。

どちらが先でも構いませんが、「多くの人を助けたい」というマインドになってしまうのが、1冊1分の能力を身につけるということです。

1冊1分が当たり前になると、自分さえよければいいという考え方はなくなります。なぜなら、無我の境地に近づかないと、見開き0・5秒が当たり前にならないからです。

無我の境地というのは、「私が私が」という気持ちを捨てている状態です。**本の内容を理解したいという気持ちをゼロにすることで、本の内容が勝手に自分に飛び込んでくる状態。**

これが、ワンミニッツリーディングができている状態です。

「1冊1分になって、自分だけが救われれば、それでいいんです」という人は、そもそもこのメソッドには向いていません。1冊1分になってしまったら、多くの人を助けたいと思ってしまうからです。

1冊1分を伝授された人のことを「ワンミニッツリーダー」と呼んでいます。

日本全国にインストラクターがいるおかげで、1冊1分の輪が広がってはいますが、それでもワンミニッツリーダーはまだ1300人ちょっとしかいません。

そんななか「ワンミニッツリーダー1万人」というのが私の目標です。

1冊1分になる人が増えれば増えるほど、多くの人を助けたいという人が増え、世の中がよくなると、信じているからです。


1冊1分になって、多くの人を救う。

そんなワンミニッツリーダーが全国各地に1万人以上現れることで、日本、ひいては世界がよくなると信じています。

あなたには、自分だけがよければいいという人ではなく、多くの人を助ける人になっていただければと、願っています。

石井貴士

## 石井貴士の主な著作一覧

### KADOKAWA
『本当に頭がよくなる1分間勉強法』
『本当に頭がよくなる1分間勉強法』文庫版
『[カラー版]本当に頭がよくなる1分間勉強法』
『[図解]本当に頭がよくなる1分間勉強法』
『本当に頭がよくなる1分間英語勉強法』
『1分間英単語1600』
『CD付1分間英単語1600』
『1分間英熟語1400』
『CD2枚付　1分間TOEIC®テスト英単語』
『CD付1分間東大英単語1200』
『CD付1分間早稲田英単語1200』
『CD付1分間慶應英単語1200』
『CD付1分間英会話360』
『成功する人がもっている7つの力』
『あなたの能力をもっと引き出す1分間集中法』
『文才がある人に生まれ変わる1分間文章術』

### 講談社
『キンドル・アンリミテッドの衝撃』

### 秀和システム
『アナカツっ!～女子アナ就職カツドウ～』
『1分間情報収集法』
『いつでもどこでも「すぐやる人」になれる
1分間やる気回復術』
『会社をやめると、道はひらく』
『定時に帰って最高の結果を出す1分間仕事術』
『あなたも「人気講師」になれる!
1分間セミナー講師デビュー法』
『女子アナに内定する技術』
『彼氏ができる人の話し方の秘密』

### 水王舎
『1分間英文法600』
『1分間高校受験英単語1200』
『1分間日本史1200』
『1分間世界史1200』
『1分間古文単語240』
『1分間古典文法180』
『1分間数学Ⅰ・A180』
『新課程対応版　1分間数学Ⅰ・A180』

### フォレスト出版
『1分間速読法』
『人は誰でも候補者になれる!～政党から公認を
もらって国会議員に立候補する方法』
『あなたの時間はもっと増える!1分間時間術』

### SBクリエイティブ
『本当に頭がよくなる1分間記憶法』
『本当に頭がよくなる1分間ノート術』
『一瞬で人生が変わる!1分間決断法』
『本当に頭がよくなる1分間読書法』
『どんな相手でも会話に困らない1分間雑談法』
『本当に頭がよくなる1分間アイデア法』
『図解 本当に頭がよくなる1分間記憶法』

### 学研プラス
『1分間で一生が変わる 賢人の言葉』
『幸せなプチリタイヤという生き方』

### 宝島社
『入社1年目の1分間復活法』

### パブラボ
『お金持ちになる方法を学ぶ 1分間金言集60』
『石井貴士の1分間易入門』
『はじめての易タロット』

### サンマーク出版
『勉強のススメ』

### 徳間書店
『30日で億万長者になる方法』

### 実業之日本社
『オキテ破りの就職活動』
『就職内定勉強法』

### ゴマブックス
『何もしないで月50万円!
幸せにプチリタイヤする方法』
『マンガ版 何もしないで月50万円!
幸せにプチリタイヤする方法』
『何もしないで月50万円!
なぜあの人はプチリタイヤできているのか?』
『図解 何もしないで月50万円!
幸せにプチリタイヤする方法』
『何もしないで月50万円!
幸せにプチリタイヤするための手帳術』

### ヒカルランド
『あなたが幸せになれば、世界が幸せになる』

### ヨシモトブックス
『本当に頭がよくなる1分間勉強法 高校受験編』
『本当に頭がよくなる1分間勉強法 大学受験編』
『勝てる場所を見つけ勝ち続ける 1分間ブランディング』

### リンダパブリッシャーズ
『マンガでわかる1分間勉強法』

### きずな出版
『イヤなことを1分間で忘れる技術』
『「人前が苦手」が1分間でなくなる技術』
『やってはいけない勉強法』
『図解 やってはいけない勉強法』
『やってはいけない英語勉強法』
『やってはいけない暗記術』
『マンガでわかりやすい やってはいけない勉強法』

### すばる舎
『入社1年目から差がついていた!
仕事ができる人の「集中」する習慣とコツ』

### 青春出版社
『最小の努力で最大の結果が出る1分間小論文』

著者プロフィール

## 石井貴士（いしい・たかし）

1973年愛知県名古屋市生まれ。私立海城高校卒。
代々木ゼミナール模試全国1位、Z会慶応大学模試全国1位を獲得し、慶應義塾大学経済学部に合格。1997年、信越放送アナウンス部入社。2003年、（株）ココロ・シンデレラを起業。日本メンタルヘルス協会で心理カウンセラー資格を取得。『本当に頭がよくなる 1分間勉強法』（KADOKAWA）は57万部を突破し、年間ベストセラー1位を獲得（2009年 ビジネス書 日販調べ）。現在、著作は合計で86冊。累計200万部を突破するベストセラー作家になっている。

「本当に頭がよくなる1分間勉強法 公式サイト」
https://www.1study.jp

「石井貴士 公式サイト」
https://www.kokorocinderella.com

やってはいけない読書術

2020年7月10日　第1刷発行
2020年8月１日　第2刷発行

著　者　　石井貴士

発行者　　櫻井秀勲
発行所　　きずな出版
東京都新宿区白銀町1-13　〒162-0816
電話03-3260-0391　振替00160-2-633551
http://www.kizuna-pub.jp/

ブックデザイン　池上幸一
印刷・製本　　モリモト印刷


ISBN978-4-86663-115-8

きずな出版